RESEARCH

ON
UNIVE
SUE
RIGI

大学生主体权利研究

ITY STUDENTS'

CTIVE
S

张 振 芝 ● 著

社会科学文献出版社

SOCIAL SCIENCES ACADEMIC PRESS (CHINA)

序

随着高等教育普及化的推进，保障大学生的正当权利、规范教育行政管理部门的行为、实现人才培养机制创新性发展迫在眉睫。从《国家中长期教育改革和发展规划纲要（2010～2020年）》首次提出教育公共治理，到党的十八届四中全会全面推进依法治国，大学生作为特殊主体的权利问题引起学术界高度关注。在多数专家、学者聚焦大学生权利意识培养研究、学校管理权力与大学生权利冲突的实践研究的同时，我的博士生张振芝将大学生主体权利作为研究对象，尝试界定大学生主体权利的概念内涵、探究大学生主体权利的生成逻辑，进而提出大学生主体权利得以实现的路径，构建了大学生主体权利的生成与实现的管理理论。具体而言，该著作阐释了大学生主体权利存在的必然性、客观性和内在逻辑性，分析了大学生主体权利的现实问题并且提出具体路径，旨在实现大学内部治理中的"大学生权利话语"，进而推动高等教育改革向纵深发展，可谓是高等教育发展史上的崭新尝试。

在探究大学生主体权利生成逻辑的过程中，张振芝认为大学生主体权利的生成是一个富于历史传统并且内部生成与外部推动共同起作用的动态过程。以谱系论方法和逻辑分析法为主要研究方法，综合运用文献研究法、历史分析法、理论分析与实践相结合方法、问卷调查法，科学界定权利、大学生主体权利、生成逻辑、大学生主体权利的生成逻辑，明确马克思权利理论、马克思人的全面发展理论、大学治理理论和高清海"人的主体性"理论对本研究的意义与作用。在这些基本概念、基本理论的基础上，梳理出大学生主体权利的生成逻辑，即从古代的太学开始，到现代大学制度建立的大学生主体权利生成的历史逻辑；法治中国的推进、社会主义核心价值观的引领和宪法权利保障的大学生主体权利生成的外在逻辑；基于大学生特殊主体对道德与知识、脑力与体力、理智与情感要求的大学生主体权利生成的内在逻辑。在概念化、系统化、制度化大学生主体权利的生成逻辑后，以大学生主体权利为研究视角，通过问卷调查，客观分析大学生主体权利的现状，揭示大学生主体权利实现的重重障碍及其深层次原因，从教育外部行政、学校内部管理和大学生自身三方面提出具体路径，以"大学生主体权利为本"的崭新教育理念为指导，彰显大学生主体权利的地位与价值。

该著作是在张振芝的博士论文《大学生主体权利生成逻辑及其实现的管理对策研究》的基础上修改完成的。在攻读博士学位期间，张振芝在我的指导下，研究学校场域中自古以来理论上重视、实际上难以确认并得以保障的大学生这一特殊主体的权利问题。张振芝曾先后在《中国高等教育》《人民论坛》《光明日报》发表一系列相关文章，集中探究了《基于培养过程的大学生权利体系构建》《大学生受教育权解读》《大学生法治教育当以尊严为核心》等关涉大学生权利的核心问题。这些文章在权威报刊的发表，一定程度上证明了这一研究方向的学术前沿性及理论与实践价值。

该著作的创新性主要体现在以下四个方面：第一，初次提出并且探讨大学生主体权利生成逻辑及其实现路径。指出在依法治教、依法治学的大背景下，以大学生主体权利为研究对象，予以系统化、理论化，并且作为高等教育改革的支点和各种权力界限，促使自上而下教育政策和自下而上教学机制有效融合并发挥作用。第二，界定大学生主体权利、生成逻辑等相关概念，明晰大学生主体权利生成逻辑是历史逻辑、外在逻辑和内在逻辑的统一。历史逻辑阐释大学生主体权利存在的必然性；外在逻辑阐释大学生主体权利的客观性、条件性；内在逻辑阐释大学生主体权利内容及其存在的合理性、正当性。第三，指出大学生主体权利现状及其实现的教育行政管理壁垒、高校内管理体制缺陷和大学生自身认识误区三方面的障碍，提出促进大学生主体权利实现的三大路径。第四，着重采用谱系论方法及逻辑分析方法探索大学生主体权利生成逻辑。运用概念谱系论方法界定权利、大学生主体权利的概念；运用形态谱系论方法明确大学生主体权利的分类；运用本质谱系论方法指出大学生主体权利的历史客观性。在此基础上，与逻辑分析法结合探索大学生主体权利生成逻辑，从教育管理上为大学生主体权利的实现逻辑提供保障。本研究不仅首次提出大学生主体权利生成逻辑及其实现路径，而且渗透了"大学生主体权利的方法"和"作为方法的大学生主体权利"这个富有挑战性的主题，即大学生主体权利不仅构成现代教育管理的一个实质要素、大学生尊严的一个必要条件，而且已经成为现代高等教育治理体系和治理能力现代化的灵魂与血脉。

该著作得出的主要结论为：一是大学生主体权利生成是中国有大学以来，围绕促进人的发展和促进社会发展两大功能或交错，或平行的历史演进过程；二是大学生主体权利生成内容是一定时期的政治、文化、制度环境和大学生内在诉求相互作用的结果；三是大学生主体权利实现过程虽然是阻力、障碍重重，但是，大学生主体权利内容的系统化、科学化为大学治理体系和治理能力现代化找到视角和方法，为实现高等教育管理价值理性与技术理性的完美结合与统一打下了基础。

　　该著作探究的论题及论域新颖，观点及内容彰显创新精神，研究初衷及教育理想彼此契合，由此不难看出，张振芝博士对我国高层次人才培养深怀殷切之情，字里行间渗透着对学生的爱，实属难得。是为序。

史万兵

2018 年国庆节

目录
CONTENTS

导　论／1

第一章　基本概念与理论基础／36

第一节　核心概念界定／36

第二节　理论基础及对本研究的意义／43

第二章　大学生主体权利生成的历史逻辑／67

第一节　中国古代的"太学"孕育大学生主体权利思想／67

第二节　近现代大学诞生与发展确立了大学生主体权利意识／71

第三节　新中国成立后大学生主体权利的发展／79

第三章　大学生主体权利生成的外在逻辑／92

第一节　大学生主体权利生成的外在逻辑及具体表现／92

第二节　法治中国建设为大学生主体权利生成提供政治环境／94

第三节　社会主义核心价值观为大学生主体权利生成提供
文化环境／100

第四节　宪法权利为大学生主体权利生成提供制度环境／107

第四章　大学生主体权利生成的内在逻辑 / 116

第一节　大学生主体权利生成的内在逻辑基点及原则 / 116

第二节　大学生主体权利的内容 / 120

第三节　大学生主体权利的内在关系 / 134

第五章　大学生主体权利实现的障碍及路径 / 148

第一节　大学生主体权利问卷调查结果及分析 / 148

第二节　大学生主体权利实现过程中存在的障碍 / 164

第三节　大学生主体权利的实现路径 / 176

结　　论 / 202

附　　录 / 208

参考文献 / 214

导　论

一　问题的提出

（一）问题的缘起

科学研究离不开现实，现实的存在为科学研究提供依据。随着高等教育规模的扩大，我国实现了由人口大国向人力资源大国的迈进。2016年4月7日的《中国高等教育质量报告》显示，"2015年在校生规模达3700万人，位居世界第一；各类高校2852所，位居世界第二；毛入学率40%，高于全球平均水平。预计到2019年，我国高等教育毛入学率将达到50%以上，进入高等教育普及化阶段"。[①]

随着2010年7月中共中央、国务院颁布的《国家中长期教育改革和发展规划纲要（2010~2020年）》的实行，根据新时期的社会、国家和个人要求，确立高等教育质量价值观，构建、完善适合我国国情的高等教育质量标准，与此同时借鉴发达国家解决高等教育问题的成功经验，诸如发展私立高等教育、完善高等教育结构、拓展高校经费来源渠道、构建质量保障体系等，确保我国高等教育从人力资源大国向人力资源强

---

① 《中国高等教育质量报告》，2016。

国迈进。

但是，与世界高等教育强国相比，我国还存在一些短期内无法立即改变的问题。高校的专业设置与劳动力市场的需求脱节；高校专业课程体系设置过于僵化，缺少灵活性；创新人才培养力度不够，高校创新创业教育仍是"软肋"；质量意识和质量文化不够，评价体系过于简单。导致大学生目光短浅，追逐名利，急功近利。在现实人才格局上表现为大学生不能充分有效适应社会，缺乏各类创新型、实用型、复合型人才，各类拔尖人才也极度匮乏。所以，教育过程的人才培养机制有待尽快突破。

2016 年 6 月 1 日新修订的《高等教育法》规定："高等教育必须贯彻国家的教育方针，为社会主义现代化建设服务、为人民服务，与生产劳动和社会实践相结合，使受教育者成为德、智、体、美等方面全面发展的社会主义建设者和接班人。"高等教育的任务是培养具有社会责任感、创新精神和实践能力的高级专门人才，发展科学技术文化，促进社会主义现代化建设。同时规定了高等学校学生的权利和义务。

18 周岁到 22 周岁属于青年期，在这之前，人们的自我意识是初步的、肤浅的、不成熟的，着眼于外表，那么这个时期由于智力和性机能的成熟，人们会发现个体内心世界，同时会把内部的主观世界和外部客观世界对立起来。若要使青年适应现实世界，就必须谋求主观和客观、内部和外部、理想和现实的协调统一，尊重他们，充分发挥他们的主动性、创造性，最大限度地让他们塑造自我。

所以，破解这一难题，教育思路要在物质条件和依法治教的制度建设比较完善的情况下，回归高等教育过程的受教育主体——因而大学生权利问题研究是现实的。

理论研究表明，近十年来，大学生权利研究一直处于平稳状态。在中国知网的查询条里输入主题"大学生权利"，在 2006～2016 年的十年

间，共搜索到相关期刊论文 351 篇，硕士学位论文 66 篇，博士学位论文
3 篇。研究对象主要是大学生权利意识、大学生权利救济、大学生受教
育权。学界的研究视野涵盖从思想政治教育到法学的诸学科；而从高等
教育产生、发展的过程研究大学生的主体权利则尚未进入学界的视野。
在研究的逻辑结构上，学者们注重培养法律权利意识，树立法律权威；
注重大学生权利救济途径，使大学生权利得以实现。在研究内容上，学
者们关注学生的人身权、学生的文化教育权、学生的社会经济权利、学
生的社会政治权利和学生的法律救济。高等教育以马克思的权利观为理
论基础，以培养过程为主线，探寻大学生的权利内容与保障，实现培养
学生自由精神、公民责任和远大志向的大学本科教育目的。完善人为什
么要接受大学教育，大学教育的目的，以及实现大学教育的权利要素内
容，从而使大学生作为特殊主体的权利构建理论成为富有挑战性的课题。

从个人研究旨趣来看，长期从事大学生思想政治理论课教学工作，
对学生的思想状况、学习情趣以及学生对大学的期望，笔者比较了解；
对"钱学森之问"笔者也产生过极大热情，以至对行政权力膨胀、学术
权力淡化、教师素质下降、国家财政投入不足等都作过探究，这些原因
固然有之，但是最根本、最关键的应该是学生的主体权利问题。高等教
育的水平与成效，不仅取决于高校自身的运行，还取决于高校学生的作
用。任何事情发生质的变化不是外因起决定性作用，而是内因起决定性作
用。学生权利要素的明确，能使学校学术权力的权利回归得到保障，以便
学校教学管理坚持以人为本并不断推动教师素质提高。基于教学实践，笔
者选择了"大学生主体权利研究"这一课题。

（二）研究背景

"法治中国"与"社会主义核心价值观"为本研究提供了理论支持
和方向目标。以习近平同志为核心的党中央，举"中国特色社会主义法
治道路"为纲，张"法治国家、法治政府、法治社会和依法治国、依法

执政、依法行政"为目，这是人类法治文明的继承版，是法治国家建设的中国版，是中国法治建设的升级版，是切实可行的。

习近平总书记无论在纪念现行《宪法》公布施行 30 周年大会上的讲话，还是在第十八届中央政治局第四次集体学习时的讲话抑或在十八届四中全会的讲话中都强调要坚持依法治国、依法执政、依法行政共同推进。

习近平同志在十八届四中全会中指出："全面推进依法治国是一个系统工程，是国家治理领域一场广泛而深刻的革命，需要付出长期艰苦努力。"① 依法治国、依法执政、依法行政有机联系构成统一整体，统一于中国特色的社会主义建设、社会主义法治国家建设和为人民服务的原则中。

我国是人民民主的社会主义国家，人民是国家的主人。实现依法治国，建设社会主义法治国家，根本目的是保障人民当家做主的权利，维护人民当家做主的法律地位，最终目标是为人民服务。习近平总书记在纪念现行《宪法》施行 30 周年大会上指出："人民是依法治国的主体和力量源泉，人民代表大会制度是保证人民当家作主的根本政治制度。必须坚持法治建设为了人民、依靠人民、造福人民、保护人民，以保障人民根本权益为出发点和落脚点，保证人民依法享有广泛的权利和自由、承担应尽的义务，维护社会公平正义，促进共同富裕。"② 要依靠广大人民群众的力量来依法治国、依法执政、依法行政。

依法治国，建设法治国家是包括政治、经济、文化、社会、生态各个方面复杂的整体，即把国家运行、社会生活等各方面都纳入法律的范围内，一切都依法进行，政党和政府是法治国家的重要组成部分。党是

---

① 《中共中央关于全面推进依法治国若干重大问题的决定》，中国共产党第十八届中央委员会第四次全体会议，2014。
② 《中共中央关于全面推进依法治国若干重大问题的决定》，中国共产党第十八届中央委员会第四次全体会议，2014。

中国特色社会主义法治建设的领导者，执政行为必须按照法律规定的程序和方式，行使国家权力，动员和领导人民管理国家和社会、政治、经济与文化事业，实现中华民族的伟大复兴。依法执政是依法治国战略对执政党的具体要求。"依法行政是依法治国的重要组成部分。"① 依法行政是依法治国战略在行政管理上的具体措施。"行政权力的运用，充分体现着国家政权的性质，密切联系着社会公共利益和公民的个人利益，事关有中国特色社会主义事业的兴衰成败。"② 从根本上说，依法执政和依法行政是依法治国在不同层面的提法，是依法治国内涵的延伸。

依法治国、依法执政、依法行政的目标都是为了实现国家的法治化，建设社会主义法治国家。1997 年党的十五大提出"依法治国，就是广大人民群众在党的领导下，依照宪法和法律规定，……逐步实现社会主义民主的制度化、法律化，使这种制度和法律不因领导人的改变而改变，不因领导人看法和注意力的改变而改变"。③ 党的十六大报告正式提出依法执政，指出"坚持党的领导、人民当家作主和依法治国统一起来"。④ 依法执政是执政党依法行使自己的权力，要更好落实依法治国基本战略，加快建设法治国家。十八届四中全会进一步指出："法律的生命力在于实施，法律的权威也在于实施。"⑤ 政府是国家权力机关的执行机关，国家权力机关颁布的法律、实施的政策、发布的文件等，大部分是由政府等行政机关来执行的。有关统计资料表明，我国 80% 的法律法规是由政府等行政机关执行的。依法行政就是指政府取得、行使行政权力要有法律根据，并且保证法律的实施，从而建设法治国家。

依法治国、依法执政和依法行政三者是相互关联、相互制约，是层

---

① 《国务院关于全面推进依法行政的决定》，1999。
② 卓泽渊：《法治国家论》，法律出版社，2008，第 491～492 页。
③ 《江泽民文选》第 2 卷，人民出版社，2006，第 28 页。
④ 《江泽民文选》第 3 卷，人民出版社，2006，第 553 页。
⑤ 《中共中央关于全面推进依法治国若干重大问题的决定》，中国共产党第十八届中央委员会第四次全体会议，2014。

层递进的关系。依法治国由党通过依法执政的方式实现，依法执政必然引领依法行政。依法执政是执政党的执政方式和执政理念。中国共产党从全局总揽中国特色社会主义法治事业建设。我国宪法法律的制定和实施，国家政权机关的领导人员的人事组织等，统一协调各方力量履行职能、开展工作，国家和社会的运行发展，都需要中国共产党依法执政。如果党的权力超越宪法和法律的规定，依法治国将成为无稽之谈。同时，政府部门的行政工作处处受到中国共产党执政水平的影响和制约。如果党没有严格遵守法律，没有在宪法和法律范围内活动，执政党的权力就会凌驾于法律之上，党的政策和文件就有可能超越法律的权威，依法执政也就是一纸空文。法律作为依法行政的依据和出发点，要求把权力限制在法律所允许的范围内。中国共产党是我们国家的执政党，但是执政的主要力量来源于政府各机构和政府官员，他们表现如何将直接影响执政的效果。在我国近 9000 万的公务员中，大部分公务员隶属政府部门且在执法第一线，他们率先垂范依法行政，是实现依法执政的保证。

实现依法执政、依法行政，必须坚持依法治国。依法治国崇尚法律的至高地位，一切依法办事。依法治国包括各个方面和层次、各个环节和阶段，并且是由各个方面和层次、各个环节和阶段所构成的依法的运行与发展。依法治国要求执政党要依法执政；立法机关要依照立法程序制定法律，建立起完备的法律体系，实现有法可依；行政机关严格依法处理国家各种事务；司法机关要公正司法、严格执法；进而实现依法执政、依法行政。

与此同时，要坚持人民主体地位，发挥人民群众的力量。"人民是依法治国的主体和力量源泉，人民代表大会制度是保证人民当家作主的根本政治制度。"① 人民赋予国家权力，人民有权监督国家权力的运行，

---

① 《中共中央关于全面推进依法治国若干重大问题的决定》，中国共产党第十八届中央委员会第四次全体会议，2014。

法治国家、法治政府、法治社会的建设必须依靠人民群众的力量。十八届三中全会指出，"坚持用制度管权管事管人，让人民监督权力，让权力在阳光下运行，是把权力关进制度笼子的根本之策。必须构建决策科学、执行坚决、监督有力的权力运行体系，健全惩治和预防腐败体系，建设廉洁政治，努力实现干部清正、政府清廉、政治清明"。① 加强对人民群众的法制知识宣传教育，培养人民群众的法制意识，树立法律信仰。用法律的手段去维护自身的利益和权利，监督国家机关权力的运行，促进法治国家、法治政府、法治社会的一体化。

自由、平等、公正、法治是社会主义核心价值观在社会层面的要求，实际上科学回答了中国特色社会主义社会应当是一种什么样的社会，从而指明了中国特色社会主义社会建设的目标和方向。人类是社会关系的联合体，人们生活在社会中不仅有共同的利益追求，也要有相同的价值取向。全面依法治国，在社会主义法律面前，所有社会成员都能人格独立，并且具有个人自主性和自由性；所有社会成员的人格是平等的，对于财富和各项权益都具有平等的权利；所有社会成员机会均等，能够真正实现权利和义务对等、贡献和索取成正比、恶行和惩恶相对应、善行和激励相对应、作用与地位相对应；能够实现对公共权力的有效约束以及对公民正当权利的合理保护，政府的权力和公民的行为都要受到法律法规的制约。

法治作为当代中国的核心价值理念，是历史与现实的必然。法治的实质是人权至上，是保护人权的宪法至上，实现人权与国家权力平等。权力再大不得越权，道德再严不得压迫人性，民意再强不得侵犯人权。其内涵为：法律正义是以正义为内核的法律规范，是区别于恶法的良法。良法的实现必须立法权正当，不得违反正义原则。法律面前人人平等。不论财富多寡、地位高低，人们在法律上是平等的，在立法、执法、守

---

① 《中国共产党第十八届中央委员会第三次全体会议公报》，2013。

法、司法上都是如此。法律至上，法有最高权威性。法治是个人自由的重要保障，它标定政府行动的范围，增强人的自主选择能力。法治防止行政权力滥用。积极培育和践行法治价值观：必须坚持中国法治道路，加快法治国家建设；必须弘扬中国法治精神；必须让法治软实力发挥作用。法治不仅要追求效益，还要追求公平；不仅要实现良治，还要善治；不仅要维护秩序，还要维护正义，人民幸福安康就是最高的法律。

二 研究目的与研究意义

（一）研究目的

本研究在厘清权利，大学生主体权利，大学生主体权利分类的基础上，通过大学发展历史过程，描述和解释大学生主体权利的特征与轨迹，把大学产生、发展作为通向大学生主体权利生成的逻辑线索；通过法治中国和社会主义核心价值观对国家、社会层面的引领和相关政策与制度的融合，解读大学生主体权利的外在逻辑；通过人的主体性是权利的一个基点和通过权利塑造权力机制，达成大学生主体权利的内在逻辑；从而阐明大学生主体权利的生成逻辑。以"大学生主体权利"为切入点，重新思考教育管理存在的各种问题，提出高等教育管理的良言秘策，实现在教育关系与教育秩序的建构上，以尊重和保障大学生主体权利为价值来确立教育秩序与安排大学生生活，破解"钱学森之问"。

（二）研究意义

1. 理论意义

本研究属于一个以权利为关键点的崭新跨学科研究领域，在教育关系和教育秩序的建构上具有一定理论价值。

第一，本研究能够丰富依法治教、依法治校理论研究的内容。从文献成果来看，在全面推进依法治国的大背景下，高等学校的管理权利、教师的教育权利、大学生作为受教育者的权利问题的研究成果很多，但是，以大学生为主体地位的主体权利显得苍白无力，因此，研究大学生权利，尤其是培养过程中的主体权利，可以平衡行政权力、学术权力，促进教育管理理论向教育治理理论转化。第二，本研究能够丰富学生权利的研究理论。从权利研究主体看，人们较为关注义务教育阶段的学生、高中阶段的学生，甚至研究生的权利也较为关注，随着教育规模的扩张，大学教育普及化，大学生是学生中非常重要的群体，大学生权利研究是对权利主体研究的补充。因此，本书对大学生权利问题进行研究，能够丰富我国学生权利研究的视域。第三，本研究能够拓宽教育管理研究的应用领域。目前关于大学生问题的研究多数是从法学、政治学角度进行分析的，所以，大学生权利研究主要侧重受教育权、管理过程的权利冲突、学生权利救济等相关法律层面。本书则从教育法治视角，即人的培养过程，按照马克思的人的自由全面发展理论，遵循权利形态谱系，除了法定权利完善研究，还对人的全面成长成才过程应然权利的思考、实然权利的落实进行研究。并在此基础上提出尊严的法治教育应对策略，从而拓宽了教育管理学的应用领域。

2. 现实意义

本研究以法治为背景，从制度视野探寻教育管理的研究，对体现人的主体性的高等教育改革具有实践意义。

第一，本研究保障大学生权利，以及全面依法治教、依法治校的需要。2016 年修订后的《高等教育法》在教育目标和任务条款中增加了为人民服务、美育教育和社会责任感，以突出对学生社会实践、艺术审美和社会责任感的培养，体现"以学生发展为本"，全面关心关怀学生的成长成才——大学生德育培养的自治权、人格权，智育培养的学习权，体育培养的体育权，美育培养的欣赏、鉴别权，实现大学的通识教育。第二，本研究是提高教育主体服务思维的需要。长期以来，国家是高等教育的主要投资主体，大学教育是稀缺资源，尊师重教是中华民族的优秀美德，无论是教育主管部门、高等院校还是教师，均以管理者身份出现，作为被管理者的学生也无可置疑，甚至觉得这是天经地义。在社会主义市场经济发展的今天，大学教育进入普及化阶段，大学生交一定费用上学，师生之间纯洁、高尚的精神依赖，有时也变得具有物质利益关系，特别是面对知识生产模式和传播模式的变革，大学教育赋予学生以更多自由、平等的诉求。教育主体的管理思维不转变为服务思维就会出现很多碰撞。研究培养过程中的大学生权利有利于实现教育者服务思维的转变。第三，本研究是教育治理体系和治理能力现代化的需要。法治不仅是治国理政的最好方式，也是依法治教的最好方法。法治的学校应当是行政权力控制，学术权利自由，学生权利赋予。尽管对于一个教育主管部门来说控权是保障权利的最好方式，但是，那只是一种消极方式，赋予学生更多权利更为重要，学生权利赋予既能有利于学生成长，又能监督教育者全心全意为学生服务，使权利理念供给与资源供给相协调，实现教育法治落到实处。

综上，本研究以大学生主体权利生成逻辑为研究对象，既可以从理论上弥补我国大学生权利理论过程研究的空白，丰富大学生权利内容，为国家、学校法律法规制定提供依据，又能从实践上消除教育管理过程的很多误区，实现以大学生权利构建为基点，辨清学校、教师、学生权利与权力、权利与义务的关系，实现高等教育发展与时俱进，彰显教育治理过程的法治化，为大学生德智体美全面发展提供切实可行的方案。

三 研究现状

依托东北大学图书馆，通过中国知网、万方数据库、维普数据库、EBSCO 外文数据库、Wiley 外文数据库、Springer link 英文全文数据库，以及百度、谷歌网络等途径，按照大学生权利关键词进行搜索，笔者发现与大学生权利研究有关的成果一直保持在两位数，研究内容为大学生的权利现状分析、大学生权利与高校管理权的冲突、大学生权利救济，而以马克思权利观为理论视域，基于培养过程的权利要素分析较为少见。但是，这些文献资料为基于培养过程的大学生权利研究提供了坚实的基础，下面将对与本研究密切相关的、在学界影响较大的主要文献进行梳理。

（一）国外研究现状

国外的法治建设起步较早，公民法律意识强，对人权的研究相对国内来说要更为完善。就大学生权利研究来讲，国外的研究也处在前列位置，目前已经形成了比较完善的理论体系，并在实践中有了很好的运用，这对国内正处在摸索阶段的理论研究工作具有很好的借鉴意义。

1. 关于权利的研究

关于权利的概念，仁者见仁，有着不计其数的解释。正如康德说的，"问一位法学家'什么是权利？'就像问一个逻辑学家一个众所周知的问题'什么是真理？'一样使他感到为难。他的回答很可能是这样，且在回答中极力避免同义语的反复，而仅仅承认这样的事实，即指出某个国家在某个时期的法律认为唯一正确的东西是什么，而不正面解答问者提出来的那个普遍性的问题"。[①] 康德把权利理解为"意志的自由行使"；黑格尔将权利作为绝对精神自我完善过程中的一个环节，而自由则是权利的本质及目标；格劳秀斯认为"jure"不仅具有"正当的事情"这个含义，还指一种使得人们能够拥有做正当的事情的资格，并且认为权利是自然的、天赋的、不可剥夺的；奥斯丁明确指出："权利之特质在于给所有者以利益"，"授权性规范的特质在于以各种限制条件对实际利益进行划分"[②]；德国的耶林认为权利是法律保护的利益；庞德把权利看作

---

① 〔德〕康德：《法的形而上学原理——权利的科学》，沈叔平译，商务印书馆，1991，第39页。

② 张文显：《法哲学范畴研究》，中国政法大学出版社，2001，第302页。

影响他人行为的能力，包括自然权利、法律权利和政治权利；美国当代著名哲学家范伯格建议不要试图给"权利"下什么形式上的定义，避免使平凡的东西变得有着毫无必要的神秘莫测的效果。在《大不列颠百科全书》中，权利被定义为"哲学家和法学家所用的术语，通常指人类所共有的权利或正义体系"。英国《牛津法律大辞典》的编纂者曾感慨地写道："权利（Right）这是一种受到相当不友好对待和被使用过度的词。"对权利概念的众多解释中并未有一个使人们普遍接受的概念，曾有学者感慨，研究权利概念、给权利下定义性解说，是一件吃力不讨好的事。权利一词是西方国家的产物，概括起来有以下几种学说。

利益说。所谓权利利益说，主要是指"权利的本质在于保护或者促进人们的利益，拥有一项权利就相当于是某种义务的受益人。在历史上这是一种非常流行的法律权利学说，因为这种权利是被强制性义务所创设的观点非常符合法律实证主义的理论"。① 利益说的代表主要是德国功利主义法学家耶林和英国功利主义法学家边沁，他们认为权利就是所承认和保障的利益，是受政府保障，受法律保护的一种利益，如果抽去利益这一内容要素，权利只能是空洞的形式。耶林说："赋予权利规则之本质特征的，就是这些规则将保护或增进个人利益或财产作为其具体目的。"② 权利利益说强调权利的法律权利，正如边沁所说"权利是法律之子，……自然权利是无父之子"。

自由说。主张权利自由说的有斯宾诺莎、霍布斯、康德、黑格尔等，他们认为自由是权利的实质和目的，人们正是为了追求自由才主张权利的。霍布斯和斯宾诺莎认为，权利就是一种免受干扰的条件；康德把权利理解为"意志的自由行使"，黑格尔认为："法的基地一般说来是精神性的东西，它的确定的地位和出发点是意志。意志是自由的，所以自由

---

① Theodore M. Bendittt, *Rights*, *Rowman and Littlefield*, Totowa, New Jersey, 1982, p. 18.
② 张文显：《法哲学范畴研究》，中国政法大学出版社，2001，第 309 页。

就构成了法的实体和规定性。至于法的体系是实现了的自由王国。"①

　　资格说。权利资格说认为权利概念的基础是一种"资格"，权利资格说最早由格劳秀斯在其著作《战争与和平法》中提出，格劳秀斯从自然权利的理论出发，把权利看作一种品质，"认为权利是人作为一个理性动物所固有的一种品质。由于它是一种道德品质，就使得一个人拥有某些东西或做某些事情是正当的和正义的"②。英国学者米尔恩认为，"权利概念之要义是资格。说你对某物享有权利，是说你有资格享有它，如享有投票、接受养老金、持有个人见解，以及享有家庭隐私的权利"③。说权利就是资格，不过是换个字眼，但这种替换对于阐释权利概念却大有益处。它将注意力集中在权利的来源上。如果你有资格享有某物，你或者代表你的其他任何人就必须能回答这个问题："是什么使你有资格享有它？这预示着有某些使资格得以成立的途径，这样，我们就会很快想到法律、习俗和道德。"④ "麦克洛斯基将权利阐释为资格，这样就避免了最新出现的困难。根据这种观点，权利是对应着某些益处的权利，而并非是对抗任何人的权利。当然，权利通常会给他人附加义务，但是某些事是权利并不意味着它一定要付诸实施。这样，范伯格所说的特定的'宣言式的权利'不是充分意义上的权利，而根据麦克洛斯基的观点它就是充分意义上的权利。"⑤ 权利资格说试图将权利利益说和权利意志说进行结合，建立一种新的理论学说。

　　意志说。意志说英文为"the will theory"，权利意志说可分为"古典

---

①　〔德〕黑格尔：《法哲学原理》，商务印书馆，1961，第 10 页。

②　〔美〕罗·庞德：《通过法律的社会控制·法律的任务》，沈宗灵、董世忠译，商务印书馆，1984，第 45 页。

③　〔英〕A. J. M. 米尔恩：《人的权利与人的多样性——人权哲学》，夏勇、张志铭译，中国大百科全书出版社，1995，第 110 页。

④　〔英〕A. J. M. 米尔恩：《人的权利与人的多样性——人权哲学》，夏勇、张志铭译，中国大百科全书出版社，1995，第 111 页。

⑤　Theodore M. Bendittt, *Rights*, *Rowman and Littlefield*, Totowa, New Jersey, 1982, p. 18.

意志说"和"现代意志说"。权利意志说把权利概念建立在人的自主意志基础上。古典意志说的代表人物是德国的著名罗马法学者温德夏特，古典意志说认为权利实际上就是权利所有者的主观意志，权利为个人意志所能自由活动的范围，权利乃是法律制度所赋予的意思力，古典意志说在一定程度上受到了康德哲学的影响。二战之后，哈特提出新的理论"权利选择说"，被称为"现代意志说"。所谓权利选择说，就是指"拥有一项权利就和相对人之间建立了一种联系，一方可以通过选择来支配另一方的行为。拥有权利的一方相对另一方处于准支配地位：权利所有人表达其权利限度内的意志，另一方必须从事相应的行为"。[1]

2. 关于受教育权利与大学生受教育权利的研究

受教育权利。西方大多以人权学说为基础，从人权角度来研究学生的权利，认为受教育权是自由。"西方教育萌芽于原始社会末期的脑体分工，在奴隶社会以办私学为主，到了中世纪天主教垄断了教育，但此时教育并未受到社会重视。"[2] 宗教改革，天主教不再一统天下，天主教和新教为争夺民众，并且扩充本教派势力，日益重视教育。在天主教和新教博弈的过程中，马丁·路德提出每个人必须受教育的主张，"全国儿童，不分男女、贫富，一律入学受教"，[3] 马丁·路德认为个人只有通过受教育才能参与宗教和政府事务。法国莱昂·狄骥认为："受教育权就是受教育自由，所有人都有权自由选择，不受立法者的任何限制，国家的义务是在保护公民受教育权时应采取消极不干涉的态度，应充分体现人权的价值。"[4] 即以法国莱昂·狄骥为代表的，受教育权是指人人都有选择自己所喜爱的学校、教师、课程体系和授课方式，并且不受立法

---

[1] Theodore M. Bendittt, *Rights*, *Rowman and Littlefield*, Totowa, New Jersey, 1982, p. 19.

[2] 胡锦光、任瑞平：《受教育权的宪法思考》，《中国教育法制评论》2002 年第 7 期，第 15 页。

[3] 胡锦光、任瑞平：《受教育权的宪法思考》，《中国教育法制评论》2002 年第 7 期，第 16 页。

[4] 〔法〕莱昂·狄骥：《宪法学教程》，王文利等译，辽海出版社、春风文艺出版社，1999，第 240 页。

者的任何限制的权利，国家的义务是不干涉，充分体现人的自然属性，但是，他忽略了人的社会属性和国家的积极义务。

另一些学者对此持相反的观点，他们认为受教育权是国家义务，日本学者极为凸显。中村睦男认为"受教育权是国家的义务，为保障教育条件设施和教育机会相对公平，国家应该积极干涉"。① 即受教育权要求国家对教育的物质条件及对教育机会给予积极的关照，以便充分地实现权利。它同生存权同等重要，具有要求国家给付的社会权的特点。日本学者大须贺明对受教育权进一步作了阐释，权利是来自于法律的一项权利，权利的相对方除了国家还有社会、家庭等。② 作为法律意义上的受教育权，在理解其权利概念时必须清楚义务主体等法律概念。除了发展权和生存权，以日本教育法学家兼子仁为代表的一派认为受教育权是学习权。把受教育权利理解为受教育者的学习和获得发展的权利，更能揭示受教育作为权利的实质。③ 如果把受教育权仅仅理解为"接受国家的教育"，国家作为教育的主体，受教育者只能被动接受国家教育，这显然违背人的主体性作用。如果把受教育权利诠释为学习权利，从法律关系上确立受教育者在教育实施中的主体地位，将有利于形成师生之间的民主平等关系，有利于开展教育教学活动，从而实现教育宗旨。

大学生受教育权利。大学生权利的起源与大学的产生密不可分，意大利是对大学生的权利保护最早进行研究的国家，意大利波伦那大学是十一二世纪时最早的传统意义上的大学之一。在中世纪的意大利，大学生行会和教师行会构成了大学。"大学生通过组成行会联合购买教育服务，保护自己不受地主和城市流氓的侵犯，在他们内部维持某种秩序，

---

① 政教分離原則（せいきょうぶんりげんそく）とは、国家（政府）と宗教の分離の原則をいう。ここでいう「政」とは、狭義には統治権を行動する主体である「政府」を指し、広義には「君主」や「国家」を指す。〔日〕山折哲雄：『宗教の事典』，朝倉書店，2012，第862页。

② 〔日〕大须贺明：《生存权论》，林浩译，法律出版社，2001，第213页。

③ 〔日〕兼子仁：《国民的教育权》，岩波新书，1980，第23页。

取得某些管辖权和法权。"①

　　关于大学生受教育权来源的研究：一是生存权说。资本主义发展到垄断资本主义阶段所产生的自身构造性弊病，使弱势阶层难以获得符合人性尊严的生活。② 所以，为了避免社会分化越来越严重所造成的社会动荡的后果，同时设立受教育权，对于增强公民谋生能力具有积极作用。二是人民主权说。虽然各国在宪法上确认了人民主权原则，但人民要真正成为主权的享有者，必须理解基本的政治原理，清楚政治的运作及政府行事的规则。这一切只有通过学习才能获得，因此受教育权是实现人民真正享有主权的必备条件。③ 三是学习权说。该学说认为，每一个公民为了自己的成长，成为立足于社会国家的个人或市民，为了形成健全的人格完成自我成就的实现，追求人生幸福并造福社会，受教育权应为与生俱来的权利。④

　　关于大学生受教育权保障的研究：荷兰的亨利·范·马尔赛、格尔·范·德·唐认为，受教育权的保障应该从受教育权的入宪着手，他们在著作《成文宪法的比较研究》中谈到，各国均重视受教育权的进程，1948 年以前，有 28 个国家颁布了宪法，其中只有 10 个国家的宪法规定了受教育权，所占比例仅为 35.7%；而 1949～1975 年，世界上共有 110 个国家颁布了新宪法，其中就有 60 个国家在宪法中规定了受教育权，占这一时期所颁布宪法总数的 54.5%。数据显示，各国已将受教育权纳入宪法范围。⑤ 博登海默认为当种族、性别、宗教、民族背景等因素不再作为立法上的一个分类标准时，就进一步接近了平等。"如果赋有实施与执行法律职能的机关使赋予平等权利同尊重这些权利相一致，

---

① 朱巧芳：《大学生权利保障思考》，《高教研究》2005 年第 5 期，第 10 页。

② 胡锦光、任瑞平：《受教育权的宪法思考》，《中国教育法制评论》2002 年第 7 期，第 16 页。

③ 胡锦光、任瑞平：《受教育权的宪法思考》，《中国教育法制评论》2002 年第 7 期，第 18 页。

④ 胡锦光、任瑞平：《受教育权的宪法思考》，《中国教育法制评论》2002 年第 7 期，第 19 页。

⑤ 马文慧：《外国学者关于受教育权相关领域观点的研究综述》，《教育理论与实践》2014 年第 18 期，第 13 页。

那么一个以权利平等为基础的社会制度，在通向消灭歧视的道路上就有了长足的进展。"① 同时，《美国宪法概述》对保护平等受教育机会、克服种族歧视等受理各种教育纠纷案件的判例也予罗列。

3. 关于道德权利与大学生道德权利的研究

关于道德权利的研究。布兰特在《伦理学理论》中认为，"道德权利指某个别人在道德上有义务在涉及被认为是自己具有权利的事物时，根据自己的意向或要求，以某种方式有为或不为。布兰特认为准则功利主义与道德权利是相容的，认为道德权利语言具有不同于善恶等道德语言特殊的功能，它能鼓舞被侵权者进行抗议，促使某些道德权利向法律权利的转化"。②

美国法学家庞德认为，当一项主张"可能为共同体的一般道德感所承认并为道德舆论所支持"，这时我们称它为一项"道德权利"。③ 范伯格认为，"道德权利来自作为道德主体的人本身，当人有要求时，他就有道德权利，但这种要求并不必然要得到法规的承认，而是得到道德原则或觉悟良心的承认"。④ 麦克洛斯基反对把道德权利解释为"要求""自由"等，他认为道德权利不是一种道德要求，而是一种道德资格，他认为道德权利是赋予权利主体做某些事情的"道德权威"，不受干涉或获得帮助等。密尔认为在个人权利由于法律的非正义而受到侵害的情况下，这种受侵害的权利便不可能是一种法定权利，于是得到了一个不同的名称，被称为道德权利，他主要是从正义来阐述道德权利的。⑤

人们对何为道德权利以及道德权利是否存在有很大的争议，但并不是每一个人都能接受并承认道德权利的存在，边沁便是否认道德权利的

① 〔美〕博登海默：《法理学—法哲学及其方法》，邓正来译，华夏出版社，1987，第 7 页。

② 〔美〕布兰特：《伦理学理论》，万俊人译，中国人民大学出版社，2004，第 435～436 页。

③ 〔美〕罗·庞德：《通过法律的社会控制·法律的任务》，沈宗灵、董世忠译，商务印书馆，1984，第 42～45 页。

④ 〔美〕范伯格：《自由、权利和社会主义》，贵州人民出版社，1998，第 97 页。

⑤ 〔英〕约翰·密尔：《功利主义》，刘富胜译，商务印书馆，1957，第 48 页。

学者，他认为"权利是法律的产物，而且只是法律的产物；没有法律就没有权利，没有与法律相反对的权利，没有先于法律存在的权利"。他甚至认为除了法律权利，其他权利都是"站在高跷上的胡言乱语"。①

关于大学生道德权利的研究。布鲁诺在《法律和道德权利的相互作用》一文中认为，大学生的道德权利是由道德规则给予支持定性的，虽然不被法律所认可，但是符合道德要求，所以是道德权利。美国学者比较注重增强个体独立作出判断善恶、美丑问题的权利能力。个体道德判断力将直接影响人们践行某一道德规范，美国在其道德教育中，把培养道德判断力作为道德教育的主要目标之一。② 西方学者注重通过德育自治来研究大学生的道德权利。耶鲁大学教授布鲁贝克在1978年所著《高等教育哲学》一书中为大学生自治权寻求到了哲学层面的解释。他在书中论述了大学生在美国高等教育中的学术界公民的地位，为大学生自治权作出了完整性的哲学论说，明确了大学生是高校的学术公民。昆顿·怀特等认为，大学的共同治理可以被定义为"在受托人、管理者、教师以及学生之间就任务、预算、教学和研究等主要决策形成的相互认同和共同责任"。③ 而美国大学教授协会在颁布的《大学和学院的治理声明》中指出，大学的决策过程要吸纳各类利益相关者，倾听他们的各种诉求，这是两条重要原则。

4. 关于体育权利与大学生体育权利的研究

日本的《体育振兴法》对体育的界定是："体育是指竞技运动和身体运动（包括野营等野外活动），即一般所说是为了使身心获得健全的发展。"在韩国，"体育"的内涵则更为宽泛，属于大娱乐范畴，包括唱

---

① 《边沁文集》（鲍林版），爱丁堡出版社，1843，第221页。
② 许桂清：《美国道德教育理念研究》，中国社会科学出版社，2008，第14～16页。
③ Dennis J. Gayle，Bhoendradatt Tewarie，A. Quinton White，*Governance in the Twenty-first Century University*，San Francisco：Jossey-Bass Publishers，2003，p. 30.

歌、跳舞、影视等，都可算作体育。①

加拿大的《体育锻炼和竞技运动法》将体育明确定义为："一种健康和安宁的基本要素，通过促进体育锻炼，使其融入到人民的日常生活以提高健康水平，并通过政府一定的行政作为帮助减少加拿大人面对的阻止他们积极参与体育锻炼的障碍。"②

美国的《奥林匹克和业余体育法》规定该委员会最为重要的职责便是，"促进并鼓励有益身体健康和民众参与的业余运动的开展；鼓励妇女、残疾人和少数民族参与体育活动的计划等"。

欧盟在《欧洲体育白皮书》中仍沿用欧盟理事会的观点，将"体育"定义为："所有形式的身体活动，自发或是有组织的参与，旨在改善体能或是促进心智健康、融洽社会关系或者在各级竞赛中夺标。"③

日本的前川峰雄认为："体育是通过可视为手段或媒介的身体活动进行的教育。"布切尔认为："体育是以身体活动为媒介，在身体、精神、情操等方面培养与社会相适应的公民。"④

美国体育理论学家布劳内尔（C. L. Brownell）认为："通过大的基本的肌肉活动和神经中枢的活动对一般教育作出贡献的就是体育。"纳什（Nash）认为："体育是一种与大肌肉活动或是与活泼的全身活动有关的教育领域。"⑤

美国的《韦氏大词典》将体育定义为："体育是整个教育的一个方面，它采用运动活动和有关经验从心理上、体力上、道德上、精神上和社会上来使个人充分发展，使他成为国家和世界上的一个有用的公民。"

① 焦宏昌：《我国公民体育权利问题研究》，在中国政法大学2004年体育法高级研讨会上的演讲，2010。
② 王箫雨：《公民体育权利的行政法视角研究》，西南政法大学硕士学位论文，2008。
③ 吕予锋：《什么是体育——一个适合进行法律分析的体育行为定义》，《天津体育学院学报》2005年第3期，第10~12页。
④ 宁雷：《论学生体育权利》，北京体育大学博士学位论文，2013。
⑤ Peter Donnelly, "Sport and Human Rights," *Sport in Society*, 2008, 11 (4), pp. 381-394.

原苏联的学者认为："体育是教育的一个方面，是体能全面发展，形成和提高人的生活中主要运动技能和本领的有计划的过程。"①

关于大学生体育权利。西方学者将体育权利表达为"Human Rights in Sports"。体育权利是公民的一项基本权利，但它正式作为单独的权利，经历了一个逐步发展的过程。1945 年的《联合国宪章》和 1946 年的《世界卫生组织章程》中都有保障人类健康和促进体育发展的相关内容。1966 年第 21 届联合国大会通过的《经济、社会及文化权利国际公约》明确提出了人人享有能达到的最高的体质和心理健康的标准权、受教育权、参加文化生活的权利等内容，为体育权利的提出奠定了基础。② 1978 年联合国教科文组织通过了专门阐明体育权利的国际体育法文件《体育运动国际宪章》，第 1 条中规定，"进行体育运动是每个人的基本权利（The Practice of Physical Education and Sport is A Fundamental Right for All）"；《奥林匹克宪章》（2011 年版）在"奥林匹克精神的基本原则"的第 4 条中规定："从事体育运动是一项人权（The Practice of Sport is A Human Right）。"③ 以上文献表明，无论是发达国家还是发展中国家，都已专门立法明确了公民的体育权利。但体育权利作为一项新兴权利，从国际法中发展与完善并获得深度认可还任重道远。

（二）国内研究现状

国内学者大学生权利要素的相关研究，在期刊网上以道德权利、法律权利和体育权利为关键词在主题中搜索，1995～2016 年间，道德权利 120 篇，法律权利 135 篇，体育权利 105 篇。主要集中于以下几个方面。

1. 关于道德权利的研究

道德权利问题研究，在 20 世纪 80 年代中期才进入国内学界研究的

---

① International Olympic Committee, Charter in Force As from 8 July 2011, p. 7.

② 张振龙等：《体育权利的基本问题》，《体育学刊》2008 年第 2 期，第 34 页。

③ International Olympic Committee, Charter in Force As from 8 July 2011, p. 76.

视野。1984年程立显在《哲学研究》上发表了《试论道德权利》一文，拉开了道德权利问题研究的序幕。

道德权利的内涵。"行为权说"。程立显认为"道德权利，系指人们在道德生活——社会生活的最为广泛的方面——中应当享有的社会权利；具体地说，就是由一定的道德体系所赋予人们的，并通过道德手段（主要是道德评价和社会舆论的力量）加以保障的实行某些道德行为的权利"。① 唐能斌也认为"道德权利总是与一定时期原则和规则相联系，是一定道德体系赋予人实行某些道德行为的权利"。② "道义说"。万俊人认为，道德权利"是有着明确道义限制的权利"，"道德权利是能够直接诉诸道义论评价的权利"。"自由说"。高兆明认为，"道德权利是自由的权利，它是以客观伦理原则所维系的人们自由（意志）生活的权利（或资格与要求），它既指主体践行道德义务的权利，又指主体应享有的自由存在的权利"。③ "权力和利益说"。章小谦认为，"一方面，道德权利是一种权力。道德行为的主体有权要求社会和他人不妨碍、反对其道德行为的实施，另一方面，道德权利是一种利益。社会承认并推崇某种行为的结果，常常便是这种行为成了人人都必须仿效的道德规范，而其他社会成员按这一规范行动，必然给该行为的主体带来利益"。④ 李德顺、孙伟平也认为，"道德权利是指人在道德生活中所享有的特殊权力和利益"。⑤ "权利化的义务说"。陈玲、征汉年认为，"权利首先是一种道德的权利，道德在本原上意味着义务，道德权利是道德义务的人性对象化"。⑥ 除此之外，还有余涌的"自由、要求、利益"三要素说和李建华

---

① 程立显：《试论道德权利》，《哲学研究》1984年第8期，第30页。
② 唐能斌：《道德范畴论》，重庆出版社，1994，第156页。
③ 高兆明：《存在与自由：伦理学引论》，南京师范大学出版社，2004，第312~313页。
④ 章小谦：《论道德权利》，《江西师范大学学报》（社会科学版）1989年第3期，第92页。
⑤ 李德顺、孙伟平：《道德价值论》，云南人民出版社，2005，第11页。
⑥ 陈玲、征汉年：《道德权利基本问题研究》，《西南交通大学学报》（社会科学版）2006年第5期，第134页。

的"行为自由权、人格平等权、公正评价权及请求报答权"四要素说。

2. 关于大学生法律权利的研究

我国理论界、学术界在大学生法律权利问题上比较侧重于法律权利意识、当代中国大学生法律权利意识现状以及当代中国大学生法律权利意识的培养途径研究,并取得以下研究成果。

关于大学生法律权利意识的研究。秦惠民指出:"法治理念的进入和个人权利意识的增强,使得高校管理的实践进程不可避免地出现了新旧观念的碰撞、价值矛盾和权利冲突。法律工作者最重要的使命,是用法治意识和法律思维的理性,回答和解释实践中提出的各种问题,建立并不断完善必要的程序和制度,规范高校管理秩序,引导和推动实践的健康发展。"① 随着社会主义市场经济的迅速发展,教育国际化进程加快,社会各个领域的法治观念都在增强。"在高校管理中,更是如此。对于大学生来说,法律意识也逐渐提高,对自身合法权利的认识也在增强,而学校法治化管理中也存在一定的缺陷,致使二者矛盾增加。因此,要采取有效措施,平衡二者之间的矛盾,促进二者的共同发展。"② 谢晖指出,"法律是以权利和义务为机制调整社会关系和人的行为,权利和义务贯穿法律的内容,在权利和义务之中,哪一个处于主要地位体现了法的价值取向,处于主要地位的应该是权利而不是义务"。③ 人们的认识基于出发点的不同,对法律的理解是不同的。以权利为出发点,把法律作为保障自己权利实现的有力武器,就会提高尊重、遵守法律的积极性和主动性;反之,以义务为出发点,把法律的制定视为为自己不得不承担的义务作保障,那么义务就并非遵从于自己的心愿。

大学生法律权利意识现状的研究。关于当代高校大学生主体权利意

---

① 秦惠民:《高等学校法律纠纷若干问题的思考》,《法学家》2001 年第 5 期,第 105 页。

② 肖永辉、宋佳:《解读高校管理权与大学生权利的冲突与协调》,《课程教育研究》2017 年第 5 期,第 22 页。

③ 谢晖:《以权利看待法律》,《东方法学》2008 年第 3 期,第 122 页。

识现状的研究成果主要是通过调查分析取得的。大学生对自身的权利越来越关注，但很多大学生对自己作为国家公民和受教育者应该和实际享有哪些权利并不清楚，权利认知比较模糊。① 袁方在《青年的权利意识分析》中指出："青年社会性权利意识的市场化倾向和青年政治性权利意识的基层化倾向，具体表现为，无论对权利的重要性评价，还是在对权利实现状况的不满方面，青年的权利意识都明显地表现出对个人的社会性权利的重视。对自己的政治性权利持无所谓态度的青年比例在上升，对参政、议政权的实现状况不满的青年比例也在上升。"②

关于大学生法律权利意识的培养。周景辉等的观点是："大学生权利意识是大学生法律意识的核心内容，培养大学生权利意识是市场经济条件下实施素质教育、推行依法治校和实现政治文明的需要。所以，申诉听证制度促进学生个性的发展，从而提高学生主体意识与权利意识。申诉听证制度本身是对学生申诉权和听证权的尊重，从而激发学生权利意识提高。"③ 权利意识是人们对自身利益的评判与估测，而法律则是国家为社会发展制定的规则。所谓法律权利意识，就是指国家通过强制性手段对人民权利予以保障。当下，由于大学生尚处在价值观不成熟、判别能力不够强的特殊阶段，因此，在他们身边的诱惑以及伤害也数不胜数。如果不具备用法律手段保护自己权利的意识，就会很容易受到伤害。因此，对大学生开展法律权利意识的培养刻不容缓。④

3. 关于道德权利与法律权利关系的研究

关于道德权利与法律权利的联系。代表性的观点是：①道德权利与法律权利都是权利存在的形式。余涌指出，"道德权利同法律权利一样

---

① 王志泉、任娟玲：《当代青年权利意识的觉醒、局限及培育》，《学校党建与思想教育》2013 年第 3 期，第 31 页。

② 袁方：《青年的权利意识分析》，《青年研究》1995 年第 5 期，第 19～23 页。

③ 周景辉、陈喜文、郝新艳：《论在校大学生权利意识的培养》，《中国成人教育》2008 年第 10 期，第 55 页。

④ 张瀚樱：《浅论中学生法律权利意识的培养》，《法制与社会》2016 年第 12 期，第 189 页。

是权利的重要性形式，有些权利既可是道德权利，而同时也是法律权利"。① 李建华也认为，道德权利和法律权利的内容有重合性，"当法律权利不明、不逮之时，诉诸道德权利应该是一种正确的选择"。② ②道德权利是法律权利的前提，法律权利是对道德权利的规定。高兆明指出，虽然"道德权利与法律权利有时并不相吻合"，但在现代民主社会，在"一般意义上而言，最基本的道德权利常常成为法律权利的具体内容"。③ 强昌文也指出，"法定权利不过是对经过社会认同的道德权利的认可与保证"，"法定权利的内容是对道德权利提炼的结果"。④ ③法律权利与道德权利是公民权利的内容。宴辉指出，"无论是法律权利，还是道德权利，都是公民权利"。⑤ 武经纬明确指出，"道德权利是公民权利的现代道德解读，它随着时代的进步而发展，其中构成人格的基本规定则是人之为人的最基本的权利。我们说的公民权利不仅是一种法律权利，而且还是一种道德权利"。⑥

关于道德权利与法律权利的区别。朱海林在《国内道德权利问题研究综述》中总结出的代表性观点有：其一，从内容范围、存在时间和维护手段等方面揭示二者的区别。如余涌认为，道德权利的范围大于法律权利；道德权利存在的时间比法律权利更为久远；在确定性和维护手段上，法律权利伴有国家力量的保护，"在特征上比道德权利更确定"。李建华也表达了与此基本一致的看法。余广俊认为，与法律权利相比较，道德权利具有宽泛性、弱确定性、救济手段的非强制性、权利与义务的非对称性等特点。其二，从存在的形式和是否具有可剥夺性等方面揭示二者的区别。高兆明认为，"法律权利由现存法律原则和规则所支持，

---

① 余涌：《道德权利研究》，中央编译出版社，2001，第67页。
② 李建华：《法治社会中的伦理秩序》，中国社会科学出版社，2004，第139~140页。
③ 高兆明：《存在与自由：伦理学引论》，南京师范大学出版社，2004，第313页。
④ 强昌文：《契约伦理与权利》，山东人民出版社，2007，第91页。
⑤ 宴辉：《公共生活与公民伦理》，北京师范大学出版社，2007，第29页。
⑥ 武经纬：《公民权利与道德权利辨析》，《思想战线》2007年第6期，第54页。

并通过法律的形式予以肯定","对于某些个体,可以剥夺其法律权利";而"道德权利则由现实的客观社会伦理原则所维系","对于个体而言,道德权利则是不可被剥夺的"。其三,从价值评判的角度揭示二者的区别。强昌文认为,道德权利和法定权利具有不同的价值评判与定位,"道德权利的内容是相当广泛的,而法定权利的特点决定了它在任何历史时期都是权利的核心和关键"。①

4. 关于体育权利与大学生体育权利的研究

关于体育权利的界定。早在中国改革开放之初,谭华教授就提出"体育就是一种社会权利和义务,强调体育是一种法律义务和社会义务"。② 虽然谭教授希望坚持义务性权利的体育权利观点,但过分强调体育是公民的义务与社会责任,会导致公民体育主体权利缺失和国家对体育权利保障的缺位。于善旭教授作为系统研究体育权利的第一人,指出公民的体育权利应该是"通过法律规定的公民在有关体育的各种社会生活中所享有的权利,是国家以法律确认和保护的公民实现某种体育行为的可能性"。③ 在此研究的基础上,他在1998年《再论公民的体育权利》中进一步提出:"公民的体育权利就是公民为追求和维护与体育相关的各种利益,因社会承认为正当而受法律确认和保护的行为选择的自由和资格。"④ 前后两篇文章的观点折射出较为完整的体育权利概念,即在现实社会政治经济条件下,公民作为主体,法律规定作为形式的资格说。在此之后,凡红、吕洲翔在被称为中国第一部体育权利研究的专著《体育权利论》中阐释了体育权利的内容及作用。他们认为:"体育权利是公民所享有的,符合社会道德规范和法律规定的,有关体育的正当权利

---

① 朱海林:《国内道德权利问题研究综述》,《河南师范大学学报》(哲学社会科学版)2011年第5期,第5页。
② 谭华:《试论体育的权利和义务》,《成都体育学院学报》1984年第3期,第30页。
③ 于善旭:《论公民体育权利》,《体育科学》1993年第6期,第65页。
④ 于善旭:《再论公民的体育权利》,《体育文史》1998年第1期,第66页。

和利益。"① 还探讨了与体育权利全球化相关的竞技体育、群众体育、弱势群体等问题。

关于大学生体育权利的研究。刘明霞在《大学生体育权利之实现途径研究》一文中，从体育权利概念和内容出发，指出大学生的体育权利可归结为："发展权、管理权和参与权，体育参与权是体育权的核心。同时指出大学生学校教育应当把体育作为教育的一部分，必须开设体育课，学校应当为学生上体育课和课外活动创造条件；为使学生的体育权利能够实现，学校要配备合格的体育教师，按照国务院教育行政部门的规定配备体育场地、设施和器材；学校还应当建立学生体格健康检查制度，加强对学生体质的检测。体育权利实施的主体是学生，体育权利能否实现在很大程度上取决于学生的自主意识，而我们目前的现实是学生对自己体育权利的认识和重视不够，体育权利在大学生中间仍然是一个新名词。"② 尚存在一系列实现路径和应该克服的障碍。

曹利民在《论大学生之体育权》中从我国宪法和法律法规出发，参考相关国际公约，结合高等院校体育的实际情况，分析了高校体育中大学生体育权利所享有的宪法、教育法、体育法等相关法律和国际公约的依据，指出大学生体育权利应通过必修体育课、参加体育活动、定期参加体格健康检查等方式及应有权利阶段、法定权利阶段和实有权利阶段的不同救济方法来实现，还为切实推进高校体育中的素质教育和依法治教、依法治体提出了建议。③

（三）综合评价

纵观国外学者研究，权利与大学生主体权利的研究较为丰富，为本研究提供了理论支持。

---

① 凡红、吕洲翔：《体育权利论》，四川科学技术出版社，2008，第4页。
② 刘明霞：《大学生体育权利之实现途径研究》，《法治与社会》2012年第12期，第234～235页。
③ 曹利民：《论大学生之体育权》，《体育学院学报》2016年第5期，第29～34页。

关于权利和大学生权利。西方学者基本以人权学说为基础。关于权利的概念从利益说、意志说、自由说到资格说并非都是灰色的历史，是思想家、法学家和哲学家在不断探索而不断延伸的历史。大学生权利与大学相伴而生，意大利波伦那大学是十一二世纪最早的传统意义上的大学之一，是对大学生的权利保护最早进行研究的国家。20 世纪 60 年代，由于美国加州大学发生了学生骚乱，引发了高校大学生的学潮，再加上当时高校之间的相互竞争、矛盾重重，高校相继开始关注大学生与大学生权利的问题。由于权利历史是人们的需要与社会客观政治经济条件的冲突与协调的历史，学界开始了对大学生权利理论的专门研究，促成高等学校"学生事务管理"由"为学生服务"转变为注重"发展"，系统分析了大学生的发展任务、发展过程，以及与环境的关系等。[①]

关于权利与大学生权利内容的研究。主要围绕受教育权、道德权利和体育权利。有的学者提出受教育权是自由，有的学者强调受教育权是国家义务；针对大学生受教育权的主要观点是生存权说、人民主权说和学习权说。道德权利是道德资格，是法定权利的基础；大学生通过德育自治表达大学生道德权利，通过大学和学院治理赋予大学生参与并实现大学生道德权利。体育权利是体育教育的目标，体育权利包括发展权、健康权；大学生体育权利是基本人权，表现为体质和心理的标准权、受教育权、参加文化生活的权利。

回顾我国学者相关研究，权利研究虽然起步较晚，但是内容极为丰富。夏勇在 1992 年出版的《人权概念的起源》中归结利益、主张、资格、权能、自由五大要素说。1995 年舒国滢在《权利的法哲学思考》一文中又把权利要素归纳为行为、利益、国家法律认可与保障三要素说。1998 年程燎原、王人博合著《赢得神圣——权利及其救济通论》，对权利的释义是："权利就是由自由意志支配的，以某种利益为目的的一定

---

① 王公章：《大学生权利实现问题研究》，西南大学硕士学位论文，2013，第 37 页。

的行为自由。"1999 年由吕世伦、文正邦主编的《法哲学论》把权利要素归纳为利益、行为自由、意志三要素说。北岳则提出了主体的利益、自由、社会的态度和保护的四要素说。无论是三要素说、四要素说还是五要素说，利益、自由、意志出现频率较高，只不过是在如何排序的问题上有所不同。

学者研究大学生权利基于《世界人权宣言》和法律权利体系。张维平指出，大学生权利包括受教育权、人身权、财产权、行为权。杨咏梅认为大学生的法定权利是受教育者的权利，即平等受教育权、参加权、选择权、公正评价权；大学生消费者的权利，即知情权、监督权、参与权；还有公民的基本权利，即人身权、财产权、知识产权、申诉权。

总体说来，国内外学者对于权利和大学生权利的研究内容丰富，基本是围绕两条线索，一条是承接政治思想家柏拉图、亚里士多德"形而上"所作的研究，认为人的权利是自然的，每个人生来就有追求自由、平等的权利；另一条承接古罗马法学家"形而下"法律层面的解释，主张权利法定，只有法律规定才可称为权利。前者注重的是权利的性质和原则，可以表达为"应然的权利"或"道德的权利"；后者则侧重权利的条件和内容，可表达为"实然的权利"或"法定的权利"。这些权利研究为我国大学生主体权利的内生逻辑提供了借鉴。

但是，把权利作为一种方法和视角，从权利这个关键点上切入到我们需要构建与研究的对象，即"作为方法的权利"和将权利作为研究与构建的对象，即"权利的方法"，来系统地分析、阐释大学生主体权利生成逻辑以及促进高等教育的管理则尚未进入学者的视野。

第一，国内外学者对权利的研究，尤其是对大学生权利的研究侧重于权利问题和权利意识方面，忽视权利作为工具、方法，尤其是大学生权利作为一条视线和一种理论进路，解决与权利相关的教育管理问题。

第二，大学生法律权利比较丰富，大学生道德权利研究可以说是零，大学生体育权利研究仍停留在体育法的理念层面。这些涉及多学科、多领域较为纷杂、凌乱的概念与理论，如果以马克思的权利理论和人的全面发展理论为主线，将其作为教育管理研究与构建的对象，实现系统化，可谓政策主导下高等教育内部治理的新视角和新方法。

第三，"作为方法的权利"与"权利的方法"，实质是大学生主体权利问题的一体两面。"一体"指大学生主体权利是构成现代教育管理的一个实质性要素，构成大学生尊严与幸福的必要条件，是各种权力的界限，是教育行政法律体系的灵魂与骨髓血脉。当我们以大学生主体权利为核心方法构建教育关系和教育秩序的图像和方法时，意味着教育法治化、制度化将成为现实。

四 研究内容和基本框架

(一) 研究内容

随着高等教育普及化进程的加快，建设世界一流大学和一流学科的诉求已迫在眉睫，如何实现高等教育治理体系与治理能力现代化，解决培养什么人、如何培养人和为谁培养人的根本性问题，基于大学生主体权利生成逻辑及其实现管理对策研究，可谓富有挑战性。本研究主要探讨的问题如下。

第一，谱系论视角下的权利概念。大学生作为一个特殊主体，既享有公民的基本权利，又享有作为大学生特殊身份的权利，他的主体权利是什么？主体权利的内容和基本要求是什么？

第二，大学生主体权利生成的历史逻辑。大学生主体权利形成离不开中国大学，离不开中国大学治理，带有中国大学和中国大学治理的历史基因。逻辑线索要求我们追求大学生主体权利的形成与发展。

第三，大学生主体权利生成的外在逻辑与内在逻辑的有机统一。法治中国、社会主义核心价值观和宪法权利为大学生主体权利生成提供了有利的外部条件；人的主体性、教育正义是大学生主体权利生成的基点、原则，影响了大学生的应然权利、法定权利和现有权利内容及其在人的全面发展中的作用。

第四，大学生主体权利实现的管理对策。分析大学生主体权利实现过程中存在的问题，提出促进大学生主体权利实现的高等教育行政政策完善、高等学校内部管理改进和大学生自身认识能力提升的对策。

（二）基本框架

本研究共分为七章，基本框架如下。

导论。本章主要阐释了研究的背景、意义和目的，对国内外相关研究的文献资料进行了整理和分析，确立了本研究的研究方法，介绍了本研究的研究思路，对本研究的可能创新之处进行了总结和概述。

第一章：基本概念与理论基础。本章从谱系论视角出发对权利与大学生主体权利核心概念进行了详尽的廓清，并对本研究起到重要支撑作用的理论基础进行了阐释，为后面的研究奠定了理论基础。

第二章：大学生主体权利生成的历史逻辑。太学的产生与发展，总结出太学形成的教学相长，考试与自学、实践有机统一的特点。新式学堂及现代大学诞生与发展为大学生权利意识的确立奠定基础。具体表现为：近代的高等教育与中国近代初期多事之秋相伴而生，大学生主体权利意识模糊；民国时期的"大学自治"为形成大学生主体权利意识培育了土壤；民国时期大学校长教授们的教育理念、行为方式和人格风范为大学生主体权利生成指明了方向。新中国成立后，随着高等教育发展，大学生主体权利经历了萌芽期、断裂期、恢复期、形成期、发展期、完善期。大学生主体权利在大学治理中发挥作用是显而易见的。

第三章：大学生主体权利生成的外在逻辑。阐述大学生主体权利外在逻辑及其表现形式。指出：法治中国的推进为大学生主体权利生成提供政治环境；社会主义核心价值观为大学生主体权利生成提供文化环境；

宪法权利为大学生主体权利生成提供制度环境。

第四章：大学生主体权利生成的内在逻辑。阐述大学生主体权利生成的内在逻辑基点及其原则，指出大学生作为特殊主体在德智体三方面应该享有权利，即大学生道德权利、大学生受教育权、大学生体育权利和大学生参与权、救济权及其在人的全面发展中的作用。

第五章：大学生主体权利实现的障碍及路径。实证调查大学生权利的缺失与保障状况，从高等教育、高校内部和大学生自身寻找问题的症结，并且提出促进大学生主体权利实现的高等教育行政政策完善、高校内部管理改进和大学生认识能力提升的对策。

结论。本章对整个研究进行了总结，得出三点结论：一是大学生主体权利生成是中国有大学以来，围绕促进人的发展和促进社会发展两大功能或交错，或平行的历史演进过程；二是大学生主体权利生成内容是一定时期的政治、文化、制度环境和大学生内在诉求相互作用的结果；三是大学生主体权利实现过程虽然是阻力、障碍重重，却为大学内部治理体系和治理能力现代化找到视角和方法，实现高等教育管理价值理性与技术理性的完美结合与统一打下了基础。

（三）研究方法

本研究以大学生主体权利为视角，在研究过程中综合运用了文献研究法、历史分析法、理论分析与实践阐释相结合的方法、谱系论方法、逻辑分析法和问卷调查法，在充分借鉴国内外大学生权利研究成果的基础上，立足于我国大学生权利缺失的现状，提出了大学生主体权利的内容与实现的管理对策。

1. 文献研究法

文献研究法是指搜集、整理和区分各种相关历史文本、现有文献资料，并且对与本研究相关的内容作出筛选分析，进而深刻了解和掌握所要研究问题的内容和切入点，实现研究目的的最重要的方法。本方法主要工作包括：收集中外文期刊、专著中的有关资料；整理各种中外文经典文本；在此基础上，利用东北大学图书馆提供的 Wiley 外文数据库，Springer link 英文全文数据库，中国知网、万方数据库、维普数据库、EBSCO 外文数据库，以及百度、谷歌、雅虎等辨别真伪、去粗取精，形成研究视域，提出可行性观点，进而完善对策建议。

2. 历史分析法

历史分析法就是依据马克思权利产生、发展动态系列的观点，通过对大学生主体权利历史逻辑演绎的分析，说明大学生主体在历史上从产生、发展以至现在的状况。同时分析大学生主体权利外在政治环境、社会环境和制度环境的变化及其对它的制约与影响。历史分析方法的使用目的就是为了弄清楚某一问题产生和发展过程中的历史脉络、内外因条件，从而推断出它的合理性、必然性和客观性。所以，离开了研究对象的历史分析就会缺少研究深度，而没有历史深度的表述和结论很难说是科学。

3. 理论分析与实践阐释相结合的方法

既要考察大学生主体权利的理论内涵，也要注重大学生在德智体美全面发展过程中权利当代价值的发掘和阐释，从而推进这一理论的深化发展和实践操作，并为大学生全面发展提供技术支持。

4. 谱系论方法

"谱系学"是哲学术语，是一种基于实践视域的深刻哲学话语，运用"谱系学"作为一种分析的方法，通过对历史文献进行家族式分类与归纳，探讨"权利"的某种特定范畴，或者对"家族谱系"中权利概念进行类型学的分析与归类，进而可从不同角度来把握纷繁复杂的概念。选择这种方法论视角，符合思想的经济性原则，即尽量用最少的理论去揭示最系统的知识。

5. 逻辑分析法

利用现代数理逻辑这个强有力的工具，对语言进行分析，并通过语言分析来解决问题，这种方法既是人们认识事物的方法，也是一种研究方法。它不同于物质分析，它只能在思维中进行。逻辑分析法作为一种研究方法，在对一系列概念、判断、命题进行比较、归纳、分析和综合之后进行进一步的推理，得到符合实际的结论。通过进行逻辑分析，找出一事物与另一事物的共性与个性，分析事物本身的特征，进而抓住事物的本质。

6. 问卷调查法

问卷调查是实证研究最有效的方法。设计问卷，通过各种网络平台有针对性地发放问卷，及时收回问卷。这种方法的特点是省时、省力，被调查者没有任何顾虑，比较客观。同时方便调查者量化统计，进行定量评估。

（四）可能的创新点

1. 初次探究大学生主体权利的生成逻辑及其实现问题

随着高等教育普及化的推进，政策主导下的"以学生为本"的大学内部治理悄然兴起。高校实行"党委领导、校长负责、教授治学、民主参与"，其中民主参与主要体现为教师的民主参与和学生的民主参与。为了实现这一目标，有的学者提出简政放权，有的学者提出控制行政权力，还有的学者提出行政权力和学术权力下移等，这些自上而下的权力分配固然推动了高等教育的民主化、法治化进程。但是，文献研究表明，国内外学者研究中关于大学生主体权利的生成逻辑的成果尚未见报道。本研究立足于大学生主体权利并探究其生成过程，尝试以大学生主体权利为研究对象，对其予以系统化、理论化，并且作为高等教育改革的支点和各种权力的界限，促使自上而下教育政策和自下而上教学机制有效融合并且发挥作用、反映问题。

2. 界定核心概念并揭示大学生主体权利生成逻辑的主要方面

第一，权利不是某一个要素，而是人在特定历史时期的意志、利益和行为的有机组合体，是意志支配的，以某种利益为目的一定的行为自由。

第二，大学生主体权利是指受教育过程中按其本质和尊严应当享有的基本权利，表现为在意志支配下，以某种利益为目的的行为自由，是大学生权利能力和行为能力的有机统一体。这种权利从理想到现实，可以表现为"应有权利"（道德权利）、"法定权利"或"现实权利"。要全面、认真看待大学生主体权利，就应关心应有权利，注重法定权利，着眼现实权利，使大学生主体权利内化为实现人的价值与尊严的普遍性力量。

第三，在明晰权利内涵与大学生主体权利内涵的基础上，揭示大学生主体权利生成是聚焦于伟大时代的大学历史、客观的现实基础和人的主观能动性的统一，聚焦于大学教育教学规律、教育外部关系规律和教育内部关系规律的统一，是历史逻辑、外在逻辑和内在逻辑的有机结合。历史逻辑指的是自中国古代太学、近现代大学到新中国成立后的大学，大学生主体权利的思想孕育、意识确立和权利发展的演进过程，通过这一历史过程探寻并揭示"以学生为本"，尊重学生、关爱学生的教育教学规律。外在逻辑指的是现实社会的政治、经济、文化、制度因素对大学生主体权利生成的影响和制约，通过法治中国的推进提供的政治环境、社会主义核心价值观提供的文化环境、宪法权利提供的制度保障，揭示大学生主体权利生成的外在客观必然性。内在逻辑指的是在人的全面发展中德育、智育、体育具有内在的必然联系，构成全面发展教育的统一整体，其揭示大学生作为特殊主体应该享有的应有权利（道德权利）、法定权利（受教育权和体育权）和现实权利的内容及关系与属性。历史逻辑反映大学生主体权利生成的伟大时代及其教育教学规律，外在逻辑反映大学生主体权利生成的条件及其教育的外部关系规律，内在逻辑就是在历史逻辑线索指引下，依据外部环境必须明晰的大学生主体权利的内容及其在人的全面发展中作用于教育的内部关系规律。

3. 实证调研发现实现大学生主体权利所存在的障碍进而提出解决问题的管理对策

大学生主体权利缺失与保障的问卷调查，阐释了大学生主体权利实现的教育行政政策壁垒、高校内管理体制缺陷和大学生自身认识误区的三方面障碍，提出以大学生主体权利为视角及核心的高等教育行政的政策完善、高等学校内部管理的改善和大学生认识能力的提升的对策。

4. 采用谱系论方法及逻辑分析法探究大学生主体权利及其生成逻辑

在研究方法的运用上，除了文献研究法、问卷调查法、历史分析法和理论分析与实践阐释相结合的方法之外，注重运用谱系论方法及逻辑分析法。首先，运用概念论谱系把权利这一复杂概念简洁化，运用形态论谱系把大学生主体权利规范化、系统化，运用本质论谱系把大学生主体权利概念化、科学化。其次，运用逻辑分析法，结合历史分析法、理论分析与实践阐释相结合的方法，揭示大学生主体权利生成的历史逻辑、外在逻辑和内在逻辑。最后，通过问卷调查、逻辑分析提出大学生主体权利缺失与保障的深层次问题，明晰相应的管理对策。

第一章

基本概念与理论基础

第一节　核心概念界定

一　权利

"权利"一词，受人尊重但是难以明确。据考证，权利意识在古罗马的法律中有所显现，权利词语在欧洲文艺复兴时出现，西方学者重视权利问题研究。不同时期，不同学者，从不同角度对"权利"这一概念作了诠释，权利被广泛运用于各种场合，含义呈多样化。

国外学者对权利的诠释。格劳秀斯将"权利"界定为：一个人具备的能够使他正当地拥有某种东西或者去做某事的道德资格。

斯宾诺莎认为在自然状态下，个人的权利具有整体性，这种整体性是由个人的生存决定的，个人的生存是不能整体地交付给国家的，而只能从善良的意愿出发部分地交付，不能交付的就是公民的自然权利。

边沁与斯宾诺莎可以说是针锋相对，他认为"自然权利就是胡言乱语，自然而不可剥夺的权利，是理论上的扯淡——踩着高跷的扯淡"。① 在他看来，权利是法律的孩子，自然权利是没有父亲的孩子。

霍菲尔德在边沁提出的权利、权力、特权、责任和义务等虚构体概念基础上进行整合，指出"权利是通过狭义义务来界定的。义务是指人们应当行为或不行为，那么权利就是指人们可以迫使他人依据其义务行为或不行为"。②

斯宾诺莎、霍布斯、洛克、康德、黑格尔等，认为权利使享有者具有意志的自由以及这一自由的外在表现——行为自由。

基于道德理由的格劳秀斯认为权利是道德资格，霍布斯认为权利是自由，黑格尔崇尚权利是意志，而边沁、霍菲尔德认为实证角度的权利就是法律保护的利益，它们具有合理性与内在性。

国内学者对权利的诠释。1984 年张文显在《法律基本范畴研究》中的资格说、主张说、自由说、利益说、法力说、可能说、规范说、选择说，综合众家观点，比较系统、完整，具有代表性。

资格说就是把权利理解为行动的资格、占有的资格或者享受的资格，权利意味着可以，义务意味着不可以。③ 它的意义在于明确权利主体享有权利必须具备或符合法律、道德等规定的条件，但是有些情况下，义务人履行义务也需要条件，比如劳动的义务、受教育的义务、纳税的义务，义务也是一种资格。显然把权利定义为资格，就无法区分作为资格的义务，更不能说清楚资格的来源是什么，资格是否正当。

主张说就是把权利理解为具有正当性、合法性、可强制性的主张，义务就是被主张的对象或内容。④ 主张说的价值在于权利与义务之间的内在联系明确，可是，有些绝对权利比如所有权、人格权或人身权，只

---

① 〔爱尔兰〕J. M. 凯利：《西方法律思想简史》，法律出版社，2002，第 265 页。
② Wesley Newcomb Hohfeld, "Some Fundamental Legal Conceptions as Applied in Judicial Reasoning," *The Yale Law Journal*, Vol. 23, No. 1, 1913, pp. 30 – 32.
③ 张文显：《法理学》，高等教育出版社，2011，第 93 页。
④ 〔美〕罗·庞德：《通过法律的社会控制·法律的任务》，沈宗灵、董世忠译，商务印书馆，1984，第 46 页。

要非特定义务人不去侵害、干涉，就不会以主张之形式表现出来。用主张释义权利，有循环定义之弊，这使得人们寻求权利却被指向主张，然后人们又转过头来去找寻权利。

自由说就是把权利理解为法律允许的自由，包括权利主体意志、行动的自由，权利主体在法律范围内行使行为时，不受他人的干涉和强制。"权利并非都是自由，权利是处上位的属概念，自由则是处下位的种概念。"权利和自由混为一谈是不科学的。权利主要来源于法律明示，自由主要来源于推定；自由与权力是相互排斥的，而权利与权力既相互矛盾又相互联系；自由是权利的内容，以人的精神层面为内容与物质利益不发生直接联系的权利，被称为自由，如言论自由、集会自由、出版自由，而与物质利益紧密相关的为权利，如继承权、著作权。所以，自由和权利有着明显的不同。

利益说就是把权利理解为法律所承认和保障的利益。无论权利的客体是什么，对于权利主体就是一种直接利益和间接利益。正如美国著名法学家庞德所言："通过使人们注意权利背后的利益，而改变了整个的权利理论。"这是他的最大价值。实际上权利和利益并不相同，有时权利是获取利益的手段，利益是权利追求的目的；权利具有道德价值，属于道德范畴，利益具有经济价值，属于经济范畴，正当利益可以称为权利，不正当利益不会成为权利；有时权利和义务都能带来利益，比如买卖合同双方都按期履行义务，就都能从中获取收益。所以，权利就是利益也有些偏颇。

法力说就是把权利理解为由法律或国家权力保证的，人们为了某种利益而从事某活动，或改变法律关系的能力或权力。利益说关注到权利背后的经济利益，而法力说关注到权利背后的国家强制力。如果没有法律认可、保障，就不能成为权利，道德的权利和习惯的权利没有法律认可和保障就可以被随意践踏，这显然回避了权利的自然属性。

可能说就是把权利理解为法律规范规定的有权人做出的可能性，要求他人做出一定行为的可能性和请求国家强制力给予协助的可能性，这种可能性来源于法律规范他人义务的保障。可能性与现实性是一对哲学范畴，可能说的价值在于让权利人关注权利行使与实现的可能，督促权利主体由权利可能性变为现实性。"重视分析静态意义上的权利，而忽视动态意义上的权利，则是没有生命力的。"[①] 权利的价值不止于纸上谈兵，而在于现实应用。

规范说就是把权利理解为法律所保障或允许的能够做出一定行为的尺度。与其说给权利下个定义，不如说给法律、道德下定义。法律和道德都是一种行为规范，权利与道德、法律的关系非常容易混淆。

选择说就是权利人的选择优于义务人的选择，它认为权利与义务的主要区别是前者有可选择性，后者无可选择性。选择说强调权利的动态性，强调选择自由是权利的功能。但是，有些权利可以选择，有些权利却不能，如劳动权、义务教育阶段的受教育权，显然如果定义的外延不缜密，理论研究的深度和广度会受到影响。

国外学者比较注重对权利的产生、权利和权力关系、权利和义务关系的解读；国内学者关注权利的本质和实际应用价值。这些解读对我们深刻理解权利的含义有着积极的社会价值，但是也带来新的疑惑。权利是人与生俱来的，还是法律赋予的？法律赋予权利的八种学说，相互之间重叠、包含的根源是什么？它们回答的只是什么是权利，而没有回答权利是什么。

综上所述，权利不是某一个要素，而是人在特定历史时期的意志、利益和行为的有机组合体，是意志支配的，以某种利益为目的的一定的行为自由。这种自由来源于主观见之于客观的实践活动。

---

① 范进学：《权利论》，《中国法学》2003 年第 2 期，第 18 页。

二 权利分类

依据本研究的理论意图，本研究将各种权利概念归入三种理论谱系：概念论谱系、形态论谱系和本质论（或曰历史论）谱系。权利概念的概念论谱系，对既有的"权利"进行归纳分析，指出权利的概念。

根据权利概念的形态论谱系，从理想到现实权利的运行规律，可以归纳为：应有权利、法定权利、现实权利。

应有权利是指在特定时期，人们基于一定的生产方式和文化传承而生成的权利要求。这种要求包含两层意思：一是虽然没有受法律确认，但是实实在在地构成了法定权利的价值基础；二是这一价值基础的权利是合乎道德性的，否则不能成为应有权利。应有权利是客观的，不以法定权利的存在为转移。它的表现，一部分是依据法律原则和社会组织的规章原则；另一部分是依据人们在现实交往环境中的伦理道德、政治观念以及对传统、习惯、习俗的认可与支持。

法定权利是通过立法机关的正式程序在成文法中明确规定的权利，有明确性、公开性和一致性的特点。法定权利的表现形式分为列举式、概括式和折中式。无论什么方式，一般都包括权利主体制度、权利内容制度、权利实现制度、权利责任制度和权利救济制度。法定权利是权利的法律化和制度化。在教育法治化过程中，法定权利是权利存在的主要形态。

现实权利是法定权利实现的结果或形成的一种实有状态。现实权利是权利转化的最终结果，也是权利主体追求的最高目标。现实权利构成法治社会的基础，法律在规定权利的同时提供了从法定权利转化为现实权利的各种整合资源；法治社会的重要价值之一是人的自由自主，现实权利可以表现一个国家的法治水平。

根据权利概念的本质论谱系中的权利类型，实际也就是历史论的谱系类型，权利可被分为自然权利和社会权利。

自然权利或曰"人权"的有效性并不依据实际的法律制度的安排与实施，它是与生俱来的。它的特征是：这种权利是一个人生来就有的；这种权利是每个人都有的；这种权利是不可剥夺的。显然这种权利具有超越具体社会、政治与法律领域的本性。

社会权利与自然权利相对应，源自人类社会，正如马克思所言："人的本质是社会关系的总和。"所以，这里我们所说的社会权利主要是"习俗权利"与"法定权利"。习俗权利是一种特殊的权利，是一种前法定权利阶段的特殊社会权利，是不具有普遍的道义性质的"自然权利"。

三 大学生的主体权利

大学生主体权利是指大学生在受教育过程中按其本质和尊严应当享有的基本权利，也是以现实为基础，在意志支配下的以某种利益为目的的行为，是大学生权利能力和行为能力的有机统一体。特征是：其一，大学生基于其身份而享有的权利，如道德权利、受教育权利、体育权利和获得评价权，它们被与普通的公民权利区分开来。其二，这里指的大学生权利是指大学生在大学组织内部所享有的权利，如科学研究权利、理论创新权利和诉讼、诉讼外救济权利，并不包括大学生在大学组织以外，和其他社会组织、团体或者个人发生利益纠纷时所涉及的权利问题。其三，大学生不仅享有一般意义上的权利能力，还有与其身份相适应的，在大学组织内部得到国家和学校认可的，具有合法地位和身份的，可以保障自身权利的能力。这种行为能力必须体现在大学生自身权利的表达和保障上。如学生用以评价教师以保障教学质量的行为能力，以及对重要决策表决的行为能力。由此，大学生主体权利来源可分为：一是源于法律、法规的规定；二是虽然没有法律确认，但是它实实在在地构成了法定权利的价值基础，是一定社会人的主体性表现，是合乎道德的；三是法律法规授权组织让渡与授予。坚持大学生主体权利，就是坚持以学生为本，体现了教育最为尊重"人的尊严"。大学生拥有了权利和主张权利的能力就等于拥有了尊严。正是如此，大学生主体权利才成为教育之变革以及教育史延绵不绝的真正动力。

四 生成逻辑

生成，是个使用频率很高的词，具有长成、形成、养育等意思，这里的生成是指产生和形成；逻辑，可以被理解为客观事物本身的发展规律，也可以指思维的规律和规则，是对思维过程的抽象，可以分为形式逻辑和辩证逻辑，在这里不指推理规则或思维规律，而是在表示规律，即事物产生形成的法则、原理、规律。生成逻辑是指某一事物形成发展的过程和规律。任何事物的生成都是一个动态的历史过程。在这个过程中，某一事物范围内的一系列概念、判断、命题经过推理与论证而建立起有意义的关联，形成一定的逻辑。在此基础上，分析事物本身的要素，理解要素之间的相互关系，梳理其脉络，逐步找到并掌握它的规律性，把握事物的本质，进而促进事物的发展。

五 大学生主体权利的生成逻辑

大学生主体权利的生成逻辑始于实践并最终指向实践，是历史性、系统性与规范性的存在，是基于人的发展、社会发展与高等教育的关系理论而论的。以高等教育促进人的发展与社会发展两个基本功能之间具有辩证关系。高等学校培养人才，是高等学校的基本职能；发展科学，是高等学校的重要社会职能；服务社会同发展科学一样，是高等学校直接为社会服务的职能。这三大职能反映社会的客观需求，也符合高等教育自身发展的逻辑。通过大学生主体权利的历史演进，分析大学生主体权利的外部条件与内部规律，揭示大学生主体权利的生成逻辑。它的逻辑结构表现为历史逻辑、外在逻辑和内在逻辑。历史逻辑是指教育两个基本功能演绎高等学校三个基本职能，在实践上不完全同步，甚至有着矛盾与冲突，但阐释了大学生主体权利形成的历史趋势及其教育教学规律。外在逻辑是指法治中国战略目标实施、社会主义核心价值观要求和相关法律、法规的规定创设了理想的客观环境及教育的外部关系规律。内在逻辑是指以马克思人的全面发展理论为指导，大学生个体出于成长、成才需要理应享有的应有权利、法定权利和现实权利以及教育的内部关系规律。

大学生主体权利的生成逻辑是人类伟大时代的大学历史、客观的现实基础和人的主观能动性的统一，是中国高等教育改革深度发展的支点。充分展现了以德树人，围绕学生、关照学生、服务学生，全面提高人才培养能力的历史；实现了中国特色社会主义大学自信、理论自信、制度自信的生动实践和理论创新；践行了马克思权利观、人的全面发展理论和在大学治理结构中应如何凸显高清海的"人的主体性"理论；深刻揭示了在新的时代条件下以大学生主体权利为核心的高等教育发展规律，指明了高等教育改革、发展的目标和方向；确保了中国特色社会主义大学始终成为培养使命担当、国际视野、创新能力人才的主阵地。

第二节 理论基础及对本研究的意义

一 马克思权利理论及对本研究的意义

马克思主义社会权利观无论在权利本原、内涵，还是在权利运行上都为大学生权利探究提供了理论支撑。马克思权利理论破解了基于西方个体权利的对社会构建的困惑，不仅回答了高等教育培养什么人、如何培养人的问题，更重要的是回答了为谁培养人的根本性问题。

（一）马克思权利理论的内涵

马克思的权利理论是马克思对权利总的看法和基本观点。它包括权利的本原论、内涵论和运行论。

权利的本原论，就是指权利从何而来，谁赋予人类对权利孜孜不倦的追求。对于这个问题的追问，有两种不同的回答。一种是以洛克、孟德斯鸠和卢梭为代表的"权利的天赋"的观点；另一种是马克思的"权利的人赋"的观点。

洛克在《政府论》中以"自然法"作为分析权利的逻辑起点，指出每个人生下来就有追求"生命、自由和财产"的权利，同时，洛克认为权利对一个社会、一个政府应具有不可漠视的价值。所以，理论矛盾必然得出"社会契约"的观点，人们为了保护自己的权利，就需要让渡一部分自己的权利给社会，这就是社会政治权力的产生。政治权力应以保护个人的自然权利为前提条件。对于政治权力是否会与自然权利发生冲突，反其道而行之，他没有作出明确考究，因为他坚信权利的自然性质是不言而喻的。法国孟德斯鸠的权利思想集中在《论法的精神》一书中。他把"权利"这个概念换成当时法国人愿意接受的"自由"。他认为自由并非产生于高尚的市民道德，而是政治体制（权力）正确组织的结果。"所有拥有权力的人，都倾向滥用权力，而且不用到极限绝不罢休。"①

为了防止权力的滥用，必须通过事物的统筹协调，以权力制约权力，于是提出立法、行政和司法的三权分立学说。卢梭的权利学说主要体现在《论人类不平等的起源和基础》和《社会契约论》中。卢梭以一个富有批判性和战斗性的激进的民主主义者的姿态从"人民主权论"和"社会契约论"出发，指出实行法治的国家必须也只能是民主共和国，并指

---

① 〔法〕孟德斯鸠：《论法的精神》（上册），许明龙译，商务印书馆，2015，第185页。

出在民主共和国里，法律是社会公意的体现，具有至上的权威，而统治者仅仅是法律的臣仆，他们的一切权力来源于法律并依法行使，即这种共和国以自然法为基础，并具有四个基本构成要素：自由平等、公民主权、合法政府和法律至上。

无论英国洛克、法国孟德斯鸠还是法国卢梭，他们的权利学说不是科学的理性精神的代言。他们不是在追溯权利的来源，而是在探寻权利的本质。随着新的利维坦的出现，也就是"国家已不再……使自己局限于保障自由竞争和维护契约自由了，而是使自由发挥更积极的作用……为每一个人和全体国民确实提供有道德的生活条件"。① 他们的"权利的天赋"是一个不再恰当的用语。

马克思的权利观是对近代"权利的天赋"之说的扬弃。任何一个伟大思想的产生都离不开历史赋予那个时代的主题，生活在自由资本主义时期的马克思"权利的人赋"的思想来源于对时代物质成果和时代精神成果的继承与批判。

在《莱茵报》时期，马克思接受"天赋权利"观念。他指出"自由确实是人的本质，就连自由的反对者在反对实现自由的同时，也实现着自由"。② "没有一个人反对自由，如果有的话，最多也只是反对别人的自由。"③ 马克思将自由作为权利的表现形式，指明自由是人之为人全部权利的首要逻辑基础，并在此基础上提出国家和法律能保护所有人的权利平等思想。当这种抽象自由权在实际中遇到困境时，他由"权利是什么"的追问转向"权利不是什么"的辨析。在《黑格尔法哲学批判》中，他开始对形而上学的"权利"进行批判。他认为市民社会决定政治国家，"权利不是黑格尔哲学体系所理解的那种抽象的理念"，市民社会

---

① 〔英〕欧内斯特·巴克：《英国政治思想》，黄维新、胡待岗译，商务印书馆，1997，第19页。

② 《马克思恩格斯全集》第1卷，人民出版社，1995，第167页。

③ 《马克思恩格斯全集》第1卷，人民出版社，1995，第168页。

是权利基础。在《论犹太人问题》中他肯定犹太人争取政治平等和民族解放的正义性，并把宗教信仰和自由权利提升到人权高度；在《德意志意识形态》中，他批判施蒂纳的自由主义权利观；在《共产党宣言》中，他以社会的生产方式揭示法的本质，否定了自然的、天赋私有财产的合理性；在《资本论》和《论蒲鲁东》等著作中他对所有权思想进行政治经济学批判；在《哥达纲领批判》中他对拉莎尔"平等的权利"与"公平的分配"的观念进行有力的评判，认为他们的依据仍然是资产阶级法权。

总之，马克思先是"天赋人权"的学习者、接受者，然后根据德国的现实成为一个批判者和"人赋权利"的建设者。以否定之否定的方法，认为"天赋人权"抹杀了权利所具有的内在社会经济必然性的认识，进而得出权利是一种法的现象，是由一定社会物质生活决定的，是一定社会关系之中人的主体意识的相互确认。权利的本原是人赋的，不是天赋的，"人"是具体的人、历史的人，不是抽象的、超历史的，进而提出与"自然权利"相对应的"社会权利"。

马克思权利观的本质是自由。自由全面的发展是马克思权利思想追逐的结果，也是权利获得确认的依据。在马克思的权利思想中，对于构筑权利基础的自由他作了广泛而深入的探讨。

马克思以辩证统一的两条核心线索，即社会的自由与个人的自由，来探讨权利。他认为个体的人是现实社会关系系统中的人，指出："全部人类历史的第一个前提无疑是有生命力的个人的存在。"[①] 社会是个人自由的前提和基础，个体的人在社会中享有自由的深度与广度，受制于社会自由。"社会自由给予个体自由物质手段、环境氛围，规定个人自由的上限、底线和可能性，这种可能性并非纯粹抽象的理念，而是以现

① 《德意志意识形态》，《马克思恩格斯文集》第1卷，人民出版社，2009，第519页。

实社会经济关系为前提。"① 正如马克思所言："思想、观念、意识的生产最初直接与人们的物质活动，与人们的物质交往，与现实生活的语言交织在一起。"② 社会生产方式是个人自由的基础。同时，社会自由也有赖于通过个人自由的实现来证实。所以，真正的人的自由必须通过全社会的每个具体的人的自由的实现予以确证，个人的自由与社会的自由才实现了统一。

马克思把人类社会历史分为自然经济、商品经济和产品经济三个发展时期。在以货币为交换媒介的物质生产中，通过商品交换实现人的需要。正如马克思所言："资本家……寻求一切办法刺激工人的消费，使自己的商品具有新的诱惑力，强使工人有新的需求等等。"③ 这意味着历史需要代替了自然需要，社会的生产活动与人的本质需要统一，统一于实现了一定的物质和精神的需要。社会化的物质生产使人摆脱了对"自然的依赖"，对"人身依附"的社会依赖性，从而为人之所以为人确立了奠定社会的根基。人具有征服自然、改造自然的能力，人当然也就获得了独立于自然、超越于自然的地位和尊严。人与人的关系由血缘关系形成的依附关系转化为对物的依赖性，物的依赖性意味着人的自由发展将会受到新的条件的限制，精神自由是这个阶段最重要的表现，也是人的自由的最终方向。

自由的本质是实践。马克思认为自由的本质在于实践与创造自由。实践是主观见之于客观的活动。实践是认识的来源，实践是认识的动力，实践是认识的目的。"只有在现实的世界中并使用现实的手段才能实现真正的解放。"④ 所以，人的自由必须通过改造世界并在历史性的实践活

① 林雪梅：《马克思的权利思想研究》，人民出版社，2014，第170页。
② 《德意志意识形态》，《马克思恩格斯文集》第1卷，人民出版社，2009，第524页。
③ 《政治经济学批判（1857～1858年草稿）》，《马克思恩格斯全集》第46卷（上），人民出版社，1979，第247页。
④ 《德意志意识形态》，《马克思恩格斯选集》第1卷，人民出版社，1995，第74页。

动中实现，不能靠凭空想象，这才是真正意义上的自由。自由既是对障碍的摆脱，也是对客观世界的认识，是主体自主自觉征服自然、改造自然的实践活动，也是人类自由自觉活动的体现。实践确立了人类世界自由的根据和基础，实践是人类从动物世界过渡为人类世界的媒介，实践体现了人类的生存方式。

自由的目标是每个人自由而全面的发展。从现实而具体的人出发，马克思以人的"自由而全面的发展"完整诠释了对"自由"与"全面"的未来人类社会的美好憧憬。首先，全面发展的基础是人的自由发展。马克思认为资本主义社会的异化劳动造成了人的畸形发展和片面发展，异化劳动者的劳动是不自由的，如果没有人的自由的发展，人的全面发展即便可以做到，也不可能得到充分实现。只有人们的自由获得充分实现之时，其全面发展才具有强有力的保障，才可以成为现实。其次，人的自由发展的前提是全面发展。"只有在共同体中，个人才能获得全面发展其才能的手段，也就是说，只有在共同体中才可能有自由。"① 马克思认为，在私有制条件下，人丧失劳动自主性，是资本家获取高额利润的工具，人的发展是不自由的，不自由的发展就不可能是全面的发展，人的全面发展以人的自由自觉劳动、自由的个性和实践为前提。理想社会是人的自由发展和全面发展有机统一、互为基础、互为前提，进而共筑人自由而全面发展的真实内涵。

马克思的权利与义务理论，揭示了权利是如何获得的，以及保护权利运行的重要规则。

权利与义务的关系是阶级关系。在马克思的权利视域中，权利和义务的关系实际是人与人的关系。马克思指出，在资本主义制度下，人与人之间的权利与义务关系实质是阶级关系，是一个需要批判的关系。人与人之间的社会地位平等是通过社会生活的实际关系体现出来的，而对

---

① 《德意志意识形态》，《马克思恩格斯选集》第 1 卷，人民出版社，1995，第 119 页。

这种社会关系的最好诠释就是权利的享有和义务的履行。正如，马克思的著名论断，"没有无义务的权利，也没有无权利的义务"。① 这个论断的意思是，一个人拥有多少权利，也就意味着这个人需要承担多少义务。恩格斯也指出："如果说在野蛮人中间，像我们已经看到的那样，不大能够区别权利和义务，那么文明时代，却使这两者之间的区别和对立连最愚蠢的人都能看得出来，因为它几乎把一切权利赋予一个阶级，另一方面却几乎把一切义务推给另一个阶级。"② 而在《1891 年社会民主党纲领草案批判》中他更是直接建议把"为了所有人的平等权利"改称"为了所有人的平等权利和平等义务"，即平等的权利和平等的义务。平等的权利是指在社会中的每一个人都无差别地享有权利，追求自然权利的价值和享有实然权利的保护，同时也无区别地承担义务。显然按照马克思与恩格斯当时的社会历史逻辑，资产阶级已成为特权阶级。

马克思运用阶级分析法揭示资本主义制度下权利和义务的关系。在权利上，资产阶级以及各种剥削阶级垄断了一切权利而不承担义务；无产阶级与各种被剥削阶级承担了一切义务而没有权利。马克思认为，要改变权利和义务这一不平等的关系，就必须铲除造成不平等的基础——以私有制为基础的资本主义生产关系，权利的享有者必须承担义务，义务的承担者也应该享有权利。

（二）　马克思权利理论在本研究中的应用

从人类文明史看，农耕文明的英雄主义和工业文明的个人主义，其基本思路都把社会归结为个体。唯一区别"只在于英雄主义导致了集权，而个人主义导致了社会治理的民主"。③ 在全球化、后工业化时代，以集体主义为原则的马克思主义权利观，面对"世界的高度复杂性和高

① 《国际工人协会共同章程》，《马克思恩格斯选集》第 2 卷，人民出版社，1995，第 610 页。
② 《马克思恩格斯文集》第 4 卷，人民出版社，2009，第 196 页。
③ 张康之：《基于权利的社会建构陷入了困境》，《新视野》2016 年第 12 期，第 5 页。

度不确定性，承认差异、尊重差异并包容差异就是不得不为之的选择"。①

马克思认为，物质生活的生产方式制约着整个社会生活、政治生活和精神生活的过程。权利的历史也是人的需要与社会客观条件冲突与协调的过程。这一过程留下了中外伟大的思想家不朽的足迹，但是，基于我国独特的国情、独特的文化和独特的历史，走中国特色社会主义高等教育发展之路，必须追寻马克思权利的足迹，破解西方权利语境的困惑，让马克思权利理论永远成为中国特色社会主义大学的理论制高点，成为大学生主体权利构建的逻辑起点。

马克思权利观在政治学、法学、哲学领域有着广泛的理论探讨和现实对接，但在管理学科，尤其是教育管理方面，以大学生为主体的权利研究微乎其微。马克思的权利观基于人的自由全面发展，有着道德、伦理层面的意义，也有着现实、保障的作用。中国特色社会主义改革进入了"权利"与"法治"共生共荣的历史时期，大学生权利观念和法治思维的形成对进入"深水区"的全面教育改革至关重要。它不仅是教育发展的需要，也是21世纪中国话语权在世界能起主导作用的需要。我们现在的大学教育培养的是未来社会主义合格的建设者和接班人，也是引领人类命运共同发展的开拓者与实践者。马克思的权利观不仅引领中国共产党人社会主义革命和建设的胜利，也能引领我们的教育改革，尤其是高等教育改革，真正展现人的智慧和社会的同步发展，实现人与自然的共生共存、和谐发展。从马克思权利来源、内涵和运行三方面表达大学生权利，是大学生主体权利的政治要求。

马克思长期致力于从社会本原论、社会关系本质论、权利与义务统一论阐释权利，确定集体主义原则，化解权利发展所遇到的一个非常棘手的现实问题，那就是权利与国家权力的问题。基于此，我们才能真正理解"无产阶级只有解放全人类，才能最后解放自己"的战斗格言。马

---

① 张康之：《基于权利的社会建构陷入了困境》，《新视野》2016年第12期，第6页。

克思主义这一散发、凝练的社会权利本位观，为大学生权利的确立、保障提供了可靠依据。

马克思权利"本原论"是大学生作为权利主体的支点。马克思有过这样一个论断："一个种的全部特性、种的类特性就在于生命活动的性质，而人的类特性恰恰就是自由的自觉的活动。"① 权利作为自由自觉活动的重要外部条件之一，与人的内在性密切相关，构成一定历史条件下的"自由自觉的活动"。

随着高等教育普及化进程的加快，教育公共治理形成的多元治理主体关系是大学生权利赖以产生的客观条件。大学生数量的增加及其自我意识发展是大学生权利产生的主观条件。主客观条件的统一，大学生成为权利主体实属必然。它不仅与马克思权利"人赋论"契合，也是在社会主义市场经济条件下，高校培养人才、发展科学、服务社会三大功能关系的集合点。无论是计划经济时期的教育管理理念还是市场经济时期的教育治理理念，高等教育都应把培养人才放在中心位置。可是，由于物质诱惑和各种思潮的相互激荡，当下教育主管部门的教学评估指标与学校教师考核指标体系仅以论文、课题、学历为主。"两害相权取其轻，两利相权取其重"，牺牲教育的最基本职能——培养人——以达到各自利益目标的情形已很凸显，这造成高校部分教授忙于跑项目、做课题、创办公司，而非育人，师生之间的关系转化为廉价的雇佣关系，学生把导师称为老板的现象层出不穷。长此以往，如果发展科学和服务社会不是以培养大学生、关注大学的发展为本，而是以谋取个人的利益、某些集团的利益为主，高等教育作为培养人的基本职能便是无稽之谈，大学生主体地位也是徒有虚名。大学生主体权利的确立，向"以人为本"的教育理念的现实转化，实现教育的多元治理，防范教育权利的寻租，均是对大学生人格、主体地位的尊重，也是办好人民满意教育的根本。所

① 《马克思恩格斯全集》第 42 卷，人民出版社，1979，第 96 页。

以，当今大学生主体权利的提出与马克思权利本原论——"人赋论"是契合的。

马克思权利"自由"内涵论是对大学生权利目标和方向的引领。高等教育深化改革，平衡各种利益关系，大学生应该享有更多的自由权。他们的权利是什么？马克思不仅以否定视角阐述权利的来源，而且指明了权利的内涵是自由而非具体利益。人的自由不仅是权利理论确认的，也是人的权利的价值归属。为了确认权利内涵，在《德意志意识形态》、《政治经济学批判》和《关于费尔巴哈的提纲》中，马克思探讨了社会自由与个人自由、作为物质活动的自由与作为精神活动的自由、作为历史过程的自由与作为历史产物的自由、自由的本质是实践、自由的目标是实现每个人自由全面发展五大问题。他指出："全部人类历史的第一个前提无疑是有生命个人的存在。"而社会是个人的集合体，社会自由给予个人自由以场所、物质手段。作为社会自由与作为个人自由的辩证统一、作为物质活动自由与作为精神活动自由的辩证统一、作为历史过程自由与作为历史产物自由的辩证统一，是马克思权利内涵的基础和目标。作为最基本权利的自由，其本质是实践，终极目标是实现每个人自由的全面发展，这既是人之自由全面发展的最高价值取向，也为大学生权利提供了目标和方向。首先，通过法律、规章赋权，赋予大学生选择权、参与权、监督权等更多的自治权利，这才是教育治理法治化的根本方式。其次，赋权要消除权利理念供给与权利资源供给的落差。根据权利概念的形态论谱系，权利分为应有权利、法定权利和现实权利。大学生权利保护应该法定化、程序化，还需要科学化，甚至智能化，以大学生自由全面发展为目标，完善利于实现权利的各种规范制度、行为习惯和奖惩措施，使大学生权利的资源供给与理念供给同步进行，有利于权利追求从理想到现实，从应然走向实然，也是大学生权利目标的定位和方向。

马克思权利运行论是对大学生权利义务关系的支撑。马克思关于权利的运行问题，并非简单地认可权利与义务的统一。在实然层面上权利和义务是不对等、不统一的，而在应然层面应该是对等与统一的。马克思在 1864 年 10 月的"国际工人协会"之《临时章程》中提出过一个著名的论断："没有无义务的权利，也没有无权利的义务。"也就是说一个人在享有权利的同时也就必须承担相应的义务，而在履行一定义务的同时也就享受到了相应的权利。应然层面的权利和义务的关系，实际上揭示了权利获得及保障的规则。这一运行规则对研究大学生权利内容，即权利义务关系提供了一个视角。

倡导大学生权利保护理念的同时也要强调大学生的义务履行意识。在对大学生权利义务关系的理解上，"权利义务一致说"和"权利本位说"毋庸置疑是当前的主流，但是，正如有的学者所说："义务重心说，这个貌似与民主精神相悖的观点，实际上是一个极有理论深度的见解。从法律实现角度，一个社会之所以需要用某种强制力来保证法律实施，主要不在于人们不会自觉行使权利，而是因为义务往往会被人拒绝。"对于大学生来说，赋予权利是因为多元治理结构中主体权利的缺失，如果大学生过于追求权利而放弃义务，会造成权利意识的膨胀和义务意识的萎缩。这种局面违背了马克思权利与义务辩证统一的应然关系，也违背了权利与义务在结构上相关、数量上等值、功能上互补和价值上主次等的关系。与此同时，大学生由于上学交费，会形成一种特权思想，也会忽视马克思所处时代的权利和义务极不平等的实然关系。在马克思看来，在资本主义社会，资产阶级因物的占有以至所拥有的权利和所付出的义务是不对等的，资产阶级享有更多权利，无产阶级承担更多义务。正如马克思所言："权利决不能超出社会的经济结构以及由经济结构制约的社会的文化发展。"改变这一局面，必须平衡权利与义务的关系，人终于成为自己的社会结合的主人，从而也就成为自然界的主人，成为自身的主人——自由的人。

马克思权利观的形成使人摆脱了自然经济条件下对"人的依赖关系",也摆脱了商品经济条件下对"物的依赖性",是一个实现每个人自由而全面发展终极目标的不断追寻的过程。这一过程展现的是,人的权利不是天赋的,而是由人所处阶段的物质生活条件决定的,是主观见之于客观的具体的、历史的要求。权利的核心是自由,自由的本质是实践,自由的目标是每个人自由全面的发展。反映人与人之间关系的权利与义务关系,是权利获得以及保障的运行规则。马克思权利的本原论、内涵论和运行论为大学生主体权利构建提供了理论支撑。

二 马克思人的全面发展理论及对本研究的意义

(一) 马克思人的全面发展理论的内涵

自由的目标是每个人自由而全面的发展。从现实而具体的人出发,马克思以人的"自由而全面的发展"完整诠释了对"自由"与"全面"的未来人类社会的美好憧憬。全面发展的基础是人的自由发展。马克思认为是资本主义社会的异化劳动造成人的畸形发展和片面发展,异化劳动者的劳动是不自由的,如果没有人的自由发展,人的全面发展即便是可以做到,也不可能得到充分实现。只有在人们的自由获得充分实现之时,其全面发展才具有强有力的保障,才可以成为现实。

人的自由发展的前提是全面发展。"只有在共同体中,个人才能获得全面发展其才能的手段,也就是说,只有在共同体中才可能有自由。"[①] 马克思认为,在私有制条件下,人丧失劳动自主性,是资本家获取高额利润的工具,人的发展是不自由的,不自由的发展就不可能是全面的发展,人的全面发展以人的自由自觉劳动、自由的个性和实践为前

---

① 《德意志意识形态》,《马克思恩格斯选集》第 1 卷,人民出版社,1995,第 119 页。

提。理想社会是人的自由发展和全面发展有机统一、互为基础、互为前提，进而共同构筑人自由而全面发展的真实内涵。

教育与生产劳动相结合是人的全面发展的唯一方法。马克思在《1884年经济学哲学手稿》中论证了人的全面发展并指出，教育是造就全面发展的人的唯一方法。教育是人得到发展的必要条件和内在动力，而生产劳动对人的发展起着重大作用。人是在劳动过程中形成和发展的。生产劳动既能发展智力又能发展体力，能使人经过教育获得知识，将技术运用到实际的生产劳动中，培养人动手实践的能力。教育与生产劳动相结合，可以把体力劳动和脑力劳动结合起来，使人的体力、智力、精神、道德各个方面得到充实发展，成为全面发展的人。教育与生产劳动相结合，是改造现代社会最强有力的手段，是提高社会生产的一种方法，也是造就全面发展的人的唯一方法。[①] 这三个方面的作用是密切联系、统一而不可分的。只有这三个方面的作用统一发挥，才是社会主义教育与生产劳动相结合的正确方向。

（二）马克思人的全面发展理论对本研究的价值

马克思人的全面发展理论和实现途径为高等教育培养什么样的人，如何培养人提供了基础。

首先，尊重人的主体性。人的主体性是人的本质属性，正如马克思所言，人的本质"在其现实性上，它是一切社会关系的总和"。这就验证了人在与客体的相互作用中应具有能动性。这种能动性主要表现为：一是人的主动性、自主性、选择性、创造性；二是人的道德性、理智性、自觉性等。人的全面发展不仅是人的需要的全面发展、人的素质的全面发展，还包含人的本质的全面发展。人的主体性应是这两者的辩证统一，缺一不可。马克思人的主体性理论是大学生权利构成的一个基点。马克

---

① 史万兵：《教育通论》，教育科学出版社，2001，第202页。

思认为，权利作为自由自觉活动的重要外部条件与人的内在性密切相关，一定意义上构成了人的自由自觉活动的范围。

其次，教育与生产劳动相结合是现代化大工业的普遍要求，也是现代教育应当遵循的普遍规律。① 如何培养全面发展的大学生，马克思提出，把"生产劳动同智育和体育相结合，它不仅是提高社会生产的一种方法，而且是造就全面发展的人的唯一方法"。② 马克思关于教育与生产劳动相结合理论的重要贡献是，把民主主义和空想社会主义的思想变为科学和现实，把教育和生产劳动相结合与争取工人及其子女受教育的民主权利、抵制资本主义剥削、变革社会制度的政治斗争紧密结合起来，极大地推动了以大工业生产为基础的社会改造，提高了社会生产力，促进了劳动者素质的全面发展，为教育与生产劳动相结合理论的未来发展提供了科学的基础和广阔的前景。在科学技术日新月异的时代，显得更有现实意义。社会生产由于科学技术的发展，已经步入了一个全新的时代，由全面发展的人代替旧式分工中的局部发展的人的要求已尤为突出。现代教育必须与生产劳动相结合，与整个国民经济相结合，培养体脑结合的全面发展的具有创新能力和实践能力的人才。所以，个人的全面发展必须在德智体三方面注重大学生整体的素养，这一素养的外在表现就是大学生的主体权利。

最后，马克思人的全面发展的理论为终身教育奠定了理论基础。互联网的广泛应用，不仅使高等教育发展面临新的挑战，同时也为建立以大学生为主体的新教育理念和环境提供着机遇，使高等教育和学习冲破了学校教育的藩篱，使得人人可学、时时可学、处处能学。大学生的学习权、发展权不仅在学校里可以获得，在社会工作中也可以获得；不但可在国内获取，还可以走向世界。同时，到 21 世纪初，终身学习的概念

---

① 顾明远：《马克思个人全面发展的现实意义》，《光明日报》2017 年 7 月 25 日。
② 《马克思恩格斯全集》第 23 卷，人民出版社，1972，第 530 页。

正逐步代替终身教育的理念。终身学习强调学习者学习的主动性和主体性，更体现了学习化社会的特征。终身教育要求改变传统的教育模式，大学生主体权利的建构日益突显。

三　大学治理理论及对本研究的意义

(一) 大学治理理论的内涵

"治理"一词兴起于 20 世纪 90 年代，西方资本主义国家在反思新保守主义和新自由主义泛市场经济理论时，由安东尼·吉登斯 (Anthony Giddens) 提出了"第三条道路"，即政治上建立政府和人民的新型伙伴关系，经济上提倡混合经济模式，教育上在加强政府指导与监督的同时，把教育推向社会，让全社会共同参与。《国家中长期教育改革和发展规划纲要 (2010~2020 年)》(以下简称《规划纲要》) 首次在教育领域颁布，可以作为我国学术专有词汇来表述。教育治理伴随教育政府治理或教育市场治理暴露出自身的弱点，因而产生了以寻求教育多元参与合作为特征的公共治理。

北京教育科学研究院副院长褚宏启说："教育治理是教育管理的一种高级形态，能体现现代精神，反映教育的现代性，其特征集中体现在民主性，治理是多方参与，多方参与有时就慢。有人说多方参与是不是就没有效率，我想这可能有一个近期效率和远期效率的关系。我们追求的是长期效率，是比较长远的治理框架。"[①]

首都师范大学副校长孟繁华也认为，治理是在信息化、全球化、民主化语境下的新型管理范式，已成为现代管理的重要理念和价值追求，体现了现代社会的基本特征，更多地强调了公共管理的转型。它带来了如下的变化：从关注公共项目和政府机构转向关注政府治理的工具，从

---

① 易鑫：《教育"治理"辨析》，《中国教育报》2014 年 3 月 5 日。

等级制向网络化转变，从公私对立到公私合作，从命令和控制向谈判和协商转变。

北京师范大学政府管理学院副教授李永瑞则认为，"从管理学角度而言，治理是把领导角色和管理角色融在一起，同时解决治标和治本的问题，这跟管理不一样，管理是有了问题再灭火，而治理则强调源头性控制，把防洪和抗洪兼顾起来"。①

专家、学者的表述反映了共性。治理主体多元化，政府承担，大量非政府组织，社会、家长、学校等共同参与到教育治理过程中；治理机制复合化，由政府、社会和学校三大治理机制构成，三方面统一互补；治理手段将会变得多样化，除行政手段以外，更多强调各个主体之间的自愿平等合作。显而易见，这些表述都是教育外部治理。国家、社会、学校三者关系的博弈为大学内部治理提供了指导和借鉴，大学内部治理该如何实现？

首都师范大学孟繁华教授在《优化治理结构　完善现代大学制度》中指出，"政府转变职能，要打破政府与大学的行政隶属关系，积极培育承担社会管理责任的中介组织，建立法治框架中大学和政府的委托代理关系，实现政府从微观管理向宏观管理转变"，② 这实际上增加了学校的办学自主权。

大连理工大学张德祥教授在《1949 年以来中国大学治理的历史变迁》中提出大学院系的自主权问题。院（系）是大学的基本学术单位，有多个利益相关者，有党委权力、行政权力、学术权力、学生权力等多种权力。他指出："中国大学的治理具有典型的中国特征。从近代大学产生，政府就与大学的关系紧密，这个特点一直保持至今。受此影响，

---

① 易鑫：《教育"治理"辨析》，《中国教育报》2014 年 3 月 5 日。
② 孟繁华：《优化治理结构　完善现代大学制度》，《山东高等教育》2014 年第 1 期，第 17 ~ 20 页。

大学内部治理结构及其模式的变迁一直离不开政府的影响与作用。政府的政策与法律一样具有强制性，其约束力不亚于法律，它一直是引导治理变迁的主要力量。"[1] 他认为大学治理若以政策为视角，是一部国家政策主导下的变迁史；若以权力为视角，则是大学内外部权力的分配、运行、监督与制约的百年史。若按照与大学关系重要程度从高到低三个层次区分，其中学生、教师、行政管理人员属于第一个层次，学生则属于核心中的核心。[2] 显然，院（系）的底层设计会使其权力相互作用，保障学生的权利自由。

高等教育发展和治理实践表明，内部治理结构以行政权力和学术权力的对立来判定和论证治理行为的合法性与正当性；内部治理机构以经济权力、政治权力的下放程度来推定治理的广度和深度。这些做法很难反映大学治理的多元性与民主化。学术权力和行政权力治理者的身份会对治理产生影响；经济权力和政治权力的下放会加快治理的速度和激情。但是，简政放权、行政权力和学术权力的对立是应然状态的一种描述与想象，缺乏对治理实际状态的把握，并且有意无意地放大或强调了自身的利益，难以呈现大学治理多维性的现实状态。

（二）大学治理理论在本研究中的应用

大学治理包括外部治理体系和内部治理结构，尤其是内部治理能力现代化将会突出大学生主体权利的作用。大学治理相伴全球治理，在习近平总书记的"打造人类命运共同体"意识引领下，我们将进一步重新审视高等教育发展历程中权利资源的生产、占有、交换和分配。一直以来，高校实行着"党委领导、校长负责、教授治学、民主参与"的形式，民主参与主要体现为教师的民主参与和学生的民主参与。修订后的

---

[1]　张德祥：《1949 年以来中国大学治理的历史变迁》，《中国高教研究》2016 第 2 期，第 29～35 页。

[2]　〔美〕亨利·罗索夫斯基：《美国校园文化——学生·教授·管理》，谢宗仙、周灵芝、马宝兰译，山东人民出版社，1996，第 76 页。

《普通高等学校学生管理规定》明确要求，高校应当建立和完善学生参与民主管理的组织形式，支持和保障学生依法参与学校民主管理，凸显对学生权益的保护。实际上，在我国大学治理的过程中，体制、行政管理上的改革，表现为自上而下的走向，以条块为主的行政力量在治理过程中始终居于主导地位；而学校内部的教学改革则是自下而上的走向，学生参与很难得到制度化和程序性的保障。大学治理以"学生为本"价值追求的"目的"和价值实现"主体"的大学生权利研究均至为关键。

高等教育承担着三项职能：培养专门人才、发展科学、服务社会。从古至今，从国内至国外，培养不同时代的建设者和接班人是高等学校的基本职能。发展科学重要职能和服务社会现代职能归根结底都离不开人才培养。改革开放四十年来，我国教育尤其高等教育飞速发展，2016年高等教育毛入学率已经达到40%。我们扩大了教育规模，教师的地位提高了，而作为社会主义市场经济条件下的大学生既是教育对象，也是高等教育服务的购买者，是大学最为核心利益的相关者。"学生在高校中的双重属性决定了高校学生不是一种以物的形式存在的产品，而是一种能动的、对高等教育本身具有巨大反作用的活的存在。"①

大学生主体权利是提高教师素质的推动力。大学是一个教师和学生集合并致力于探究科学真理的学术共同体。教师素质提高，除了自身和学校考核外，最有效果的是学生的真实评判，他们是服务对象，是受教育者，是主体。教师的道德素养和学术水平，不仅在他们的学生身上显现，也为学生平等对话与交流开启了一扇大门。如果学生们知道自己是主体，教师随意缺课、提供不适合的教育就侵犯了他们的受教育权利，寻求救济，并且能够得到双倍赔偿的话，他们也会积极主张自己的权利，教师的素质也就会水涨船高，并将教书育人、因材施教落到实处。学生的主体权利意识提升是高等学校教师提高素质的直接推动因素，也是打

---

① 牛维麟：《现代大学章程与大学管理》，《中国高等教育》2007年第1期，第13～14页。

造学术共同体的根本。

　　大学生主体权利是加强和改进学校管理工作的重要因素。学生主体权利意识提升不仅能够处理好师生之间教与学的关系，也是学校管理科学化、规范化的标志。长期以来，我们探讨的学生在学校民主管理中主体地位的缺失，学生参与管理的具体内容未细化，权力制约机制在高校实际管理操作中流于形式，这些问题归根到底就是学生主体权利意识的缺席。学校每个触角都涉及学生，无论是教学管理还是后勤管理，如果说"80后"的群体性的变化反映我国改革开放的时代特征，刚刚步入大学的"00后"作为改革成果的最大受益者和信息时代的体验者，他们对社会敏感度和参与表现力是极强的。作为受教育者和服务对象的学生，他们是利益的相关者，对学校的各方面的管理具有参与权。大学生参与是作为利益相关者参与大学治理的本质体现。大学治理需要师生员工和行政部门在管理决策中做好责任分工。虽然在现代大学制度实施试点和大学章程编制过程中，教师、学生等参与主体的意见已有所吸纳，但是在整个决策过程中，经验决策和行政主导的惯性仍在发挥重要作用，重视和回应学生对各种利益的诉求，保障民主参与的大学生的基本权利尚需完善。无论是《高等教育法》还是《教育法》均更多强调学生对学校管理的服从，而缺乏对学生参与学校事务的规定。

　　大学生主体权利是学校学术权力的权利回归的保障。权力与权利是两个不同的概念。权力指向的是双方处于强制和服从的不对称地位；而权利具有平等性和自主性，权利主体可以依法自主决定是作为还是不作为，不受其他力量的随意干涉。学术权力化就会导致学术腐败和权术化。学生权利意识提升有利于学术权利化，学术权利化有利于规范学术行为、限制行政权力干预和促进学术健康发展。《规划纲要》明确指出："探索建立符合学校特点的管理制度和配套政策，克服行政化倾向，取消实际存在的行政级别和行政管理化模式。"中国现代的大学是移植西方大学模式建立起来的。但是它缺少形成大学自治的文化背景，而一味地追求大学自治，实现学术的权力化，在中国既没有历史，也没有根基，有着严重的社会危害性。"现代教育强调知识不能以牺牲心灵的自由为代价，命令和服从根本无助于学生权利意识和独立人格的养成。"① 提升学生作为主体资格的积极参与意识，可以对学术规范权、学术评价权和学术资源的配置权起到很好的监督和保障作用。

四 高清海"人的主体性"理论及对本研究的意义

（一）高清海"人的主体性"的理论内涵

高清海教授是 20 世纪 80 年代以来我国哲学界公认的最具影响力和创造力的哲学家之一，是马克思主义哲学改革和哲学观念变革的最有力的推动者。他把"仁学"与经济学、社会学和哲学相结合，创造性地提出"人学理论"。与此同时，在此基础上，高清海教授改变传统的本体论的思维模式，从实践的思维方式来看待人，在他看来，人是复杂的，又是具有创造性的，每个人都是独特的自我个体，都具有主体性。从人的主体性角度来看高清海教授的哲学，大致可分为三个阶段。

在 1994 年，高清海教授就看到了人的主体性的重要性，它是实现人的解放和社会发展的迫切需要。在《主体呼唤的历史根据和时代内涵》一文以及之后的多篇文章中，高清海教授都谈到了马克思提出的关于人的生成和发展的三个阶段：①自然发生的"人的依赖关系"是人的最初存在形态；②"以物的依赖性为基础的人的独立性"构成人类发展的第二大形态；③"建立在个人全面发展和他们共同的社会生产能力成为他们的社会财富这一基础上的自由个性"是第三阶段，也就是可以预见的

---

① 李学永：《大学行政行为的司法审查：从特别权力关系到大学自治》，《教育学报》2010 年第 3 期，第 98 ~ 105 页。

最高发展阶段。① 在这篇文章中他指出，第二阶段在市场经济的培育和锻炼下，才使个人获得独立和自主的能力逐渐成长为自己主宰自己为独立整体的能力。在摆脱了第一阶段的群体依赖之后，人们逐渐获得自主性，他写道："人的主体性是通过人的抗争和奋斗得来的，而不是自然成就的，在这一过程中，人需要不断强化自己的主体意识，以便坚定自己的主体信念和争取自我解放的奋斗决心。"② 高清海教授对人的主体性的历史成长过程作了阐述，又将人的主体性的生成与人的实践本质联系起来，最后指出培植个人主体是我国当前社会发展的迫切需要，发挥人的主体性的重要作用由此体现。

高清海教授对传统的教科书式的哲学实践进行了批判和改革，他认为哲学是人的自我反思、自我意识的理论，并创造性地提出了人的双重生命观：种生命和类生命。在《"人"的双重生命观：种生命与类生命》中，高清海教授说：人除了有与动物相同的生命以外，还有着与动物不同的生命。我们应当从两重性的观点去理解人的本性，也必须以同样的观点去理解人的生命，即把人看作是有着双重生命的存在：他既有被给予的自然生命，又有自我创生的自为生命。我们可以称前者为"种生命"，后者为"类生命"。③ 这一观点成为高清海教授"人学理论"的基石，二者是不可分割的内在统一于完整的人的生命体中的关系。"种生命"是"类生命"的前提和基础，个体只有获得"种生命"，才能成为真正的活生生的人，才有"类生命"的自为性与超越性、价值与意义。同样，脱离"类生命"的那种个体生命，也无异于动物的生命个体。可见，"种生命"是"类生命"的基础，又必须处于"类生命"的掌控之中，"类生命"也只有在"种生命"的依托下才能实现自身的价值与意

---

① 《马克思恩格斯全集》第 46 卷（上），人民出版社，1995，第 102～104 页。
② 高清海：《主体呼唤的历史根据和时代内涵》，《中国社会科学》1994 年第 4 期，第 93 页。
③ 高清海：《"人"的双重生命观：种生命与类生命》，《江海学刊》2001 年第 1 期，第 78 页。

义。"种生命"和"类生命"的统一实现了人生命的自在的自为性、超越的自我性、否定的统一性的类本性。在文章中，高清海教授又提到了"自我"和"主体"，"人只有形成'自我'，才能够把生命活动变成自我意志的对象，不仅超越生命本能的支配，还能主宰自己的生命活动"，"人有一个自我的生命本质，从支配自己的本能生命活动，进而才能支配人的活动对象、人的生存环境、外部世界存在。自为存在的生命体，就意味着人是自我创造、自我规定的生命存在，这也就是作为主体的自由性"。① 人是有自己的自主性的，人完全可以支配和主宰自己的生命活动，这也就是类生命的本质。

高清海教授提出"类哲学"的观点，并将其上升为系统的理论，确立了人的真实观念，科学地揭示了人和人、人和自然、人和社会的统一关系。在《"类哲学"与人的现代化》一文中，他将类哲学与社会现代化相联系，提到哲学对人的理解，他在类哲学中对马克思所开创的人性逻辑进行了重建，既强调人性逻辑，又没有否定物性逻辑，类哲学是建立在马克思的人本学思想的基础上而形成的完整的人性逻辑体系，最终目的是为了寻找价值世界的理论基础。高清海教授在文章中强调：当今人的发展和历史进步的实质更应该体现在人的超生命本质的充分发挥上，体现在现代人独立人格的真正确立上。② 这里的超生命本质就是使自己成为自己生命活动的主宰者，自觉建立起独立人格，充分发挥人的主体性。只有人才能建立起"类"的意识，才能把生命活动把握在自己手中不受任何外界的干扰，才能拥有主体性，主宰生命活动。

在人的主体性方面，高清海教授认为，人能够从事改造对象的实践活动，通过实践活动创造对象世界，在创造对象世界的活动中同时创造了人本身，人是人自己活动的支配者，是人们建立属人世界的主宰。这

---

① 高清海：《"人"的双重生命观：种生命与类生命》，《江海学刊》2001 年第 1 期，第 79 页。
② 高清海：《"类哲学"与人的现代化》，《中国社会科学》1999 年第 1 期，第 74 页。

是人作为主体的最基本的本质。在属人的世界中，人是这一世界的主人，其他的存在事物是人的活动的对象。事物成为认识对象和改造对象，不仅必须以认识者和改造者的存在为前提，并且要受制于认识者和改造者。从这种关系说，在属人世界中人是主体，作为人活动对象的事物则是客体。人拥有主体性，能够主宰自己的生命活动。

（二）高清海"人的主体性"理论对本研究的指导

在当今社会，大学生的数量与日俱增，作为社会主体和高校教育的主体，大学生具有双重身份：既是社会普通公民又是受教育者。大学生既享有普通社会公民拥有的社会权利，如生命权、财产权、自由权等宪法和法律规定的各项权利，又享有受教育者所拥有的各项主体权利，如受教育权、决策权、监督权等。高校大学生既是高校教育的结果也是高校教育服务的对象，大学生有绝对的主体权利接受教育和参与学校管理，但在现实生活中，大学生参与学校管理的能力薄弱，大学生主体权利缺失，这都严重影响了高校的发展与高等教育的发展。加强对大学生主体权利的研究十分必要，这就要求大学生主动发挥自己的主体性，积极参与学校管理，此时高清海教授的"人的主体性理论"对大学生主体权利的研究就具有重要意义。

高清海教授的"人的主体性理论"为大学生主体权利的研究提供了理论支撑。高清海教授强调人的主体性，指出在人发展的第二阶段中在市场经济的条件下催生出人的主体性，主体性就是人的类本质的体现，类群体的出现就是人类最高发展阶段的实现。以此为理论支撑，大学生主体权利的研究就找到了支点，因为人的主体性，大学生就享有主体权利，在主体性充分发挥的基础上才能实现大学生的主体权利。在高清海教授的"人的主体性理论"的指导下，大学生主体权利找到了理论依据，为开展进一步的研究打下了基础。

高清海教授的"人的主体性理论"为大学生主体权利的研究提供了

方法指导。在高清海教授的"人的主体性理论"的形成过程中，他不断联系当前社会发展的实际，辩证地看待人的主体性。在经济全球化、科技发展迅速、社会日新月异的今天，在核武器威胁、贫富分化严重、全球生态环境恶化的今天，既是人的主体性充分发挥的体现，也是人的主体性盲目发挥的表现，这时，人类开始反思，开始理性批判，这无疑是好事，是人类理性走向成熟，走向"类时代"的必经过程。大学生主体权利的研究也必须联系社会现实，联系高校和大学生的实际，从各个方面寻找原因和对策，辩证地看待问题，使研究更加准确，更具代表性。

总结高清海教授的"人的主体性理论"，我们应做好大学生主体权利的研究，保障大学生健康成长，促进高校素质教育开展，推进国家法制化进程，最终建成全面小康社会。

第二章

大学生主体权利生成的历史逻辑

中国大学从古代的太学到近代及现代大学的诞生与发展，以至新中国高等教育的改革与发展，一直坚守促进人的发展和促进社会发展两大功能或交错，或平行，高等教育发展现已千姿百态。即使历经时代的打磨，以学生为本和服务学生的足迹仍随处可见。"法治"时代选择"权利"，尤其是寻根大学生主体权利，可谓是对过往教育的最大尊重与对未来发展的期待，也是大学生主体权利生成逻辑的历史根基。

第一节　中国古代的"太学"孕育
大学生主体权利思想

一　"太学"通过严于择师和各种选拔方式来调动学生求学的积极性

太学是始于战国盛于西汉的设在京师的全国最高教育机构。西汉早期，黄老之学盛行。"黄"指传说中的黄帝，"老"指春秋道家学派的创始人老子。"黄老"即是二人的合称。在汉武帝之前，只有私家教学，政府并不设立传授学术的学校。到汉武帝时，接受董仲舒的建议，罢黜百家，独尊儒术，开始在长安（现在的西安）设立太学，以作为中央官学和最高学府，祭酒兼掌全国教育行政。隋朝以后改名国子监。汉代太学的建立，标志着我国封建官立大学制度的确立。据史料记载，汉质帝时太学生多至三万人，这种情况一直延续到东汉末年。这一史实证明我国古代教育走在了世界的前列。①

汉代太学素有"严于择师"的传统。汉代太学的教师称博士，西汉时期博士采用征拜或举荐的方式选拔，东汉时期的博士要经过考试。《汉书·成帝纪》对遴选博士的标准进行了高度概括："古之立太学，将以传先王之业，流化于天下也。儒林之官，四海渊源，宜皆明于古今，温故知新，通达国体，故谓之博士。否则学者无述焉，为下所轻，非所以尊道德也。"② 也就是说博士必须德才兼备，既要有广博的学识，具有"温故知新"的治学能力，也要为人师表，使学者有所"述"，即成为学生榜样的人格魅力。同时还必须具有足以胜任博士职业的专门训练和一定的教学经验，以及健康的体魄。东汉时期，东汉的博士，不仅要参加考试，而且还要基层单位写"保举状"推荐。并且皇帝还颁发诏书规定博士的年龄须在50岁以上。所以，经过严格挑选，在汉代大学执教的博士，一般德才兼备，不乏一代儒宗学者。由于师资选拔的严格，保障了太学的教学质量，学生主体地位得到应有的尊重。当然，作为封建官学，社会政治中的一些腐败现象不可能不侵蚀太学的行政选拔制度。从总体上看，"严于择师"是汉代太学的主流。

汉代太学的学生，东西汉称谓是不同的。西汉称"博士弟子"或"弟子"，东汉称"诸生"或"太学生"。太学的学生来源多样化，"可

---

① 臧嵘、张颖：《纵论汉文明的重要历史地位》，《南京师范学院学报》（社会科学版）2008年第11期，第4~10页。

② 王凌皓、郑长利：《汉代太学教育管理述评》，《北京科技大学学报》（社会科学版）2000年第3期，第82页。

以由太常补送，可以由郡国荐举，也可以经过考试选拔，还可以由'父任'而升入太学"。① 作为太常选送的正式生，享有俸禄，通过其他途径入学的非正式生，费用自给。家境贫寒无力经达的学生（博士弟子），可以由郡国遣送，实行半工半读。无论是正式的学生，还是非正式的学生，均免除赋税、徭役。同时，汉代考试方法也多样化，有射策、策试和口试。射策是汉代太学最为常用的考试方法，此方法类似于现在的随机抽签考试。内容侧重于对儒家经典的解释与阐发，主考官根据学生回答问题的情况给予成绩，成绩符合要求者被授予相应的官职。策试类相当于我们今天的笔试，就是教师事先按照要求拟好题目，凡是回答得多且好者被评为"上等"，张榜公布，作为政府录用官员的依据。口试就是通过口试考察学生的能力和水平，相当于我们今天的单独招生。太学通过各种严格的考试制度和选拔方式，吸引学生潜心经典，培养了大批人才，促进了汉代教育事业的发展。

二　形成教学相长，考试与自学、实践相结合的教学模式，调动学生的积极性

太学的教学内容和教育方法尽管与现代大学有着本质的区别，但确有一些做法值得借鉴。

第一，以经师讲学为主，学生互教为辅。汉代太学将统一教材作为实现教育过程的前提条件。西汉宣帝曾专门召集太学博士和名儒在石渠阁开讲论会，东汉章帝又专门召集太学博士和名儒学者在白虎观开会，讨论五经达数月之久，章帝亲自奉陪。于是，班固奉旨撰集的具有法典作用的《白虎通》及蔡邕等人评定的五经与《春秋公羊传》和《论语》成了太学的统一教材。在此基础上采取经师讲学、高足弟子相传和集会

---

① 王凌皓、郑长利：《汉代太学教育管理述评》，《北京科技大学学报》（社会科学版）2000
年第 3 期，第 83 页。

辩难三种教学形式。经师讲学就是经师在大讲坛讲学，这是汉代太学的主要教学形式。有人考证洛阳太学的大讲坛"长十丈，广三丈"，可容纳数百名学生来听讲学。同时，在这大讲坛里，太学博士多为社会名流，具有较高的学术水平，又具有讲经的艺术性，体现了太学教师学术研究与教学活动的统一性。高足弟子相传就是学生互教。汉代太学师生数量随着学生的增多相差日益悬殊，由开始的一个博士教几十个学生发展到几个博士教几百个、上千个、上万个学生。在学生剧增、博士有限的情况下，大班上课已难以满足学生求学的欲望和要求，于是采取弟子相传即学生互教为辅的教学形式。即高水平的学生教低水平的学生，高年级学生教低年级学生，从而解决教师短缺、教学效率低下的困境，扩大上学的机会。集会辩难是汉代太学经学教育的重要方法。它可以在学校内部进行，可以在某个名胜之地或在朝廷中进行。"东汉光武帝刘秀多次召集公卿、博士和名流讨论经义，公开辩论学术得失，甚至在翰会上建立了按'讲通经义'来排座次的礼仪。据说侍中戴凭因为善于讲辩'重坐五十余席'，并获得'解经不穷戴侍中'的美誉。"[1] 这种方式逊于春秋战国的"百家争鸣"，及于宋明之际所创的书院讲会，却远超欧洲中世纪死板僵化的神学教育，孕育了积极向上、挑战自我的极大热情与豪迈。

第二，汉代太学注重考试与自学的有机结合，提高了学生的学习兴趣。汉代太学在考试方面建立了相应的制度。目的有两个，一是选拔学苗，一是督促、检查学生的学习。同时汉代太学除经师讲学、严格考核学习过程外，还给予学生充裕的自学时间，在自学时间里，太学倡导学生自由研讨学问，并向社会名流学者请教。自由、民主的研讨气氛使汉代太学造就了一大批学识渊博、思路开阔、研究能力强的精英，诸如王充、郑玄这两位被称为"博通众流百家之言"，"出入于今、古文经学之

---

[1] 王凌皓、郑长利：《汉代太学教育管理述评》，《北京科技大学学报》（社会科学版）2000年第3期，第84页。

间"的杰出代表人才，开启了教育培养精英的先河。同时太学还有意识增加学生的社会实践环节，东汉和西晋在皇帝举行乡社典礼时，礼生以学生采取单科结业的方式，每家经典学完之后，要由博士主持答辩。

太学始创于西汉武帝时期，鼎盛于东汉。其后，经曹魏、西晋至北朝末衰落，历时六七百年，是屹立在世界东方的第一所国立中央大学，虽然说它只是中国古代的高等教育，而不是现代意义上的大学，但是太学和大学都是社会高端知识人才的聚集地，汉代太学提倡严于择师和自学、允许自由研讨、鼓励学成通才的做法，对于我们今天改革大学教育，培养造就学识渊博、具有研究能力的创造性人才，富有积极的借鉴意义。也对后世的大学生主体权利意识产生了一定的影响。

第二节　近现代大学诞生与发展确立了大学生主体权利意识

一　近代大学的诞生萌生了大学生的主体权利

中国近代初期多事之秋的历史背景促成中国近代高等教育的诞生。正如马克思所言，"清王朝的声威一遇到不列颠的枪炮就扫地殆尽，天朝帝国万世长存的迷信受到了致命的打击"。[①] 19 世纪中叶，欧风美雨的东渐，帝国主义的"坚船利炮"，使清政府无可奈何地打开了国门。同时，为了不受别人的欺蒙，清政府于 1862 年在北京设立了京师同文馆，又陆续在上海、广州等全国各地设立上海广方言馆、马尾福建船政学堂、天津水师学堂、武汉湖北武备学堂、南京江南水师学堂等。同文馆的产生，标志以科举进仕的旧教育制度走向衰亡，具有划时代意义的新型高等教育在中国悄然产生。同文馆起初是一所培养翻译人员的专科学校，

---

① 《马克思恩格斯选集》第 2 卷，人民出版社，1972，第 34 页。

设立数年后，课程内容由文科向实科演进，逐渐成为一所综合性的专科学校，最后演变成正规大学。

1885 年，盛宣怀在天津设立中西学堂，它以外语和先进的科技为主课，特别注重机械和法律科目，学校经费由国家拨款，学生的一切费用也是国家承担。1895 年中国在甲午海战中惨败日本后，天津中西学堂改办为北洋大学堂，中国近代第一所大学诞生。1952 年更名为天津大学。北洋大学堂的创办推动了我国第一个近代学制的产生，为我国高等学校初创时期体系的建立起到了示范作用。

1898 年 5 月，京师大学堂正式成立，由于八国联军侵占北京，一度停办，很快复办，于 1912 年 5 月改名为北京大学。京师大学堂办学宗旨"以中学为主、西学为辅，中学为体、西学为用"，据此设置了普通学科和专门学科，发展成为由经学、文学、法政、公、农、商、医、格致共八科组成的多学科大学，它虽然不是中国近代第一所公立大学，却是近代中国最著名、最完备的公立大学。

除了中西学堂和京师大学堂之外，19 世纪末中国还建立了求是书院、山西大学堂、上海南洋公学、万木草堂等一批具有高等教育性质的书院和学堂，促进了高等教育的兴起。

读书人开始依靠"高考"来"考取功名"，近代教育体制逐渐确立。中国第一个付诸实施的癸卯学制，它不仅对改变清末学堂各自为政、互不相连的局面起了积极的促进作用，对以后中国学制的组织形式也产生了极大的影响。但同时值得深思的问题是学制的形式仿自资本主义国家，灵魂却是中国封建制的，它特别注重读经，排斥女子的受教育权，并给毕业生以相应的科举功名。癸卯学制所规定的一套详备、整齐的学校系统，远非中国当时的财力、人力所能实现。[①] 学制制定的依据是中国古

---

① 李慧洁：《浅析中国近代第一部学制——壬寅、癸卯学制》，《当代教育论坛》2008 年第 5 期，第 78 页。

代典籍所描绘的无地无学、无事非学、无人不学的教育理想，而不是中国当时的客观实际，照搬西方资本主义国家的学制实际上走了一个中国化的过程。

另外，中国近代的留学教育始于 1872 年，最早提出建议的是容闳。1871 年 9 月，曾国藩、李鸿章等在容闳"教育计划"的基础上奏《选派幼童赴美肄业办理章程折》，拟选送幼童，每年 30 名，4 年计 120 名赴美留学，15 年后每年回华 30 名。经清政府批准，命候补知府刘翰清总理沪局（又称上海西学局，即幼童留美预备学校）事宜，并在沿海各地挑选聪颖幼童。洋务派官僚在派遣留美幼童之后，还奏请派遣留英、法、德等欧洲诸国的留学生。自 1896 年开始留日学生增多，1905～1910 年，在日本的中国留学生达 43670 人。①

这一时期的高等教育由于当时军阀混战、战乱频仍，政府疲于应付战事，在社会动荡不定之时，大学校园虽然受到局势影响，但是同文馆毕竟开了创办新学校的先河。如果说同文馆的产生使中国高等教育进入初级阶段，那么天津中西学堂、京师大学堂等校的设立，则表明中国高等教育转入形成时期。它们对当时的社会产生过影响，培养了我国近代早期的科技人才。就高等教育自身而论，在"师夷长技以制夷"内心深处的"中体西用"教育思想便是一个例证。学校教学内容和方法的改革，实现学生个体发展，对当时的外交和政治或多或少地起到了推动作用，在对旧观念产生有形与无形的冲击下萌生出不拘一格降人才的自由理念。

二　民国时期的"大学自治"标志大学生主体权利意识的形成

（一）"大学自治"促进大学生主体权利意识形成

民国时期，军阀割据，社会不安，社会黑暗，却是中国大学发展的

---

① 《略谈洋务运动时期的留学教育》，《和田师范专科学校学报》2004 年第 3 期，第 5 页。

黄金年代，人才辈出、百家争鸣、思想自由。无论国立、私立，或是教会大学，都如雨后春笋般成长，大学学术水平在国际上位列领先地位，为祖国培养了一大批卓越的科学家、国学家。因此，民国时期大学之所以达到如此高的水平的重要原因之一就是大学自治。

在教育思想方面，严复第一个提出"大学自治"。大学自治是指反对将大学办成"党校"或"干校"，因为"治学之材与治事之材，恒不能相兼。……惟有或不相侵，故能彼此相助"。① 严复的大学自治思想深刻影响当时的教育总长蔡元培。当时的大学自治就是大学实行独立办学，不受政府、教会或其他势力的干预。其表现为：大学自治的主体应当是校长、教师和学生等大学自身的内部力量，而不是国家、社会或学校以外的其他组织力量；大学内部治理是学术上的自由和管理上的自主；大学自治的目标是实现学术自由。大学自治崇尚的是以学术自由为核心的大学精神。辛亥革命后，蔡元培借鉴吸收德国高等教育经验，主持制定《大学令》，规定："大学设评议会，以各科学长及各科教授互选若干人为会员，大学校长可随时齐集评议会，自为议长。""大学各科各设教授会，以教授为会员。学长可随时召集教授会，自为议长。"② 这被何炳松确认为现代所谓"教授治校"制度的起源。1913 年《中华民国宪法草案》为大学追求"大学自治、学术自由"提供了宪法保障。蒋梦麟担任北大校长之后，不仅未"谨守蔡校长余绪"，反而是将之改为"校长治校"。《大学组织法》规定："大学设校长一人，综理校务。"并取消评议会，改设校务会："大学设校务会，以全体教授、副教授所选出之代表若干人，及校长、各学院院长、各学系主任组织之。校长为主席。"③ 大学院和大学区制贯彻了"教育独立"的理念，真正实现了大学的自治。

---

① 严复：《论治学治事宜分二途》（第一卷），中华书局，1985，第 89 页。
② 蔡元培：《教育论著选》，人民教育出版社，1991，第 25 页。
③ 中国第二历史档案馆：《中华民国史档案资料汇编》（第 5 辑第 1 编《教育》），江苏古籍出版社，1994，第 172～173 页。

可见，那一时期的大学还是相当自由的，"所谓的教授，皆有主见，不为强力所逆转，不以人情而缄默；虽然意见相异，道义不同，但彼此之间均不以政治衡量，更不以利益衡量；讲课自由，不受教育部统一教材的约束，更不屈服于国民党的'党化教育'。所谓的学生，或以富国强民为目标，或以高深学术研究为宗旨，每遇不平之事，必是群情激愤奋起而维护正义；没有学生相信绝对的权威，更没有学生同意绝对的真理，对待教授如此，对待政府更是如此"。① 当时的大学之所以辉煌，大学校长之所以如此"大胆"，是因为在中国早期大学制度设计者的理念中，教育独立的观念十分重要，而当时的国民政府在法制上也基本上保证了这一点。到抗战爆发前，中国大学的"大学自治、教授治校、学术自由"的理念已在整个国家形成共识并在法律上得到了具体体现，使之具有了制度上的保障。至此，以大学自治为核心的现代大学制度经过几代学人的艰苦努力与实施，在中国大学中形成并日趋成熟，"大学自治、教授治校、学术自由"在大学里已成为基本的理念。

（二）大学校长教授们的教育理念、行为方式和人格风范推进大学生主体权利意识形成

中国近代大学有两个显著特色：特色之一，大学制度的设计者大多有着国外留学的经历，是放眼世界的人，像蔡元培是留德的，蒋梦麟、梅贻琦他们是留美的。他们通过亲身的留学体验，考察欧美一些著名的大学，形成了自己的教育理论和主张，为办好大学，提出了世界性的前瞻理念。特色之二，大学制度的设计者从一开始就居于中国教育界的主导地位，蔡元培、蒋梦麟、胡适曾经是北大校长；罗家伦、梅贻琦曾是清华大学校长；张伯苓是南开大学的校长；竺可桢是浙江大学的校长。②

---

① 陈平原：《民国时期的大学：大学之大的典范》，《大学何为》，北京大学出版社，2006，第126页。

② 谢泳：《中国现代大学制度的优越性》，《大学时代》2006年第6期，第1页。

这些制度设计者，对国家进步的强烈感情，对世界文明发展的真诚奉献造就了他们的大学理念。他们是中国现代教育的奠基人。[①] 他们的思想理念、行为方式和人格风范，我们应当铭记。通过感受那个年代的大学，以及那个年代的教授，我们可以认识、了解这些大学校长的人生经历、教育思想和人格风范，这对于认识、解读当年所培育的高质量大学生，进而促使大学生权利的充分实现很有必要。

教授的自由流动。民国时期教授社会地位较高，经济上相对也有保障，自由流动成为教授生活的一种常态。这是因为大学校长有聘任教授的自主性，而教授也有自己选择大学的自由。特别是年轻教授，一般不会在一个自己不喜欢的大学里混下去，他们的流动性是很大的。1932年，杨树达在清华执教，当时的中文系主任是刘文典，因为有人说了杨树达的闲话，他就决定离开清华。像这样的情况在过去的大学里是常见的，是真教授就不愁没有去处。当年鲁迅在中山大学，后因傅斯年又聘了顾颉刚来中大，而鲁迅和顾颉刚有积怨，不愿待在一个学校，所以很快就离开了。由于有自由流动的机制，大学里教授之间的矛盾一般能够减至较低程度。[②]

教授有资格选择大学，大学也可以挑选符合学校要求的教授，这种双向选择机制实现的最终结果是教授因找到了比较满意的大学而最终固定下来。满意而留下从事教学工作，对于展示一个人的才华有积极的作用，同时也对教授保持学术活力有促进作用，有利于大学独立之人格、自由之精神的展现。

教授讲课自由。所谓讲课自由，是指大学教授在讲台上有自由传播自己学术观点的权利，也有自由表达自己政治见解的权利。讲课自由是学术自由在大学的一种非常重要的表现形式。也是对学生民主、自由理

---

① 智效民：《民国时期的大学校长与大学教育》，《民主与科学》2013 年第 1 期，第 23～18 页。
② 谢泳：《过去的教授》，《中国青年报》2007 年 8 月 1 日。

念潜移默化的渗透。在课程设计上留给教授很大的空间，教授可以自编教材，也可以在课程设置好大体范围之后，根据自己的爱好和学术专长选择教材。一般情况，教授的讲义通常就是自己的学术研究成果，有些学生记下的课堂笔记，多年以后出版，人们也会当作学术成果看待，教授的讲义和学生的笔记都是统一有价值的。由于没有统编教材，教授就必须学有专长，如果随便找一本专著来做自己的讲义，那样的日子是不会长久的，不但同行会看不起，学生也不买账。教学与科研的融合恰到好处。

没有统编教材，也就没有统一考试，所以大学里教授的权力是很大的。比如说，当年陈寅恪在清华国学院，有一次招生出的考试题就是对对子，他出了上联"孙行者"，请考生对出下联。据说当年对出下联"胡适之"的只有一人，即后来成为古汉语专家的周祖谟先生。

据史学家李埏回忆，当年陈寅恪在西南联大讲授隋唐史，开讲前开宗明义："前人讲过的，我不讲；近人讲过的，我不讲；外国人讲过的，我不讲；我自己过去讲过的，也不讲。现在只讲未曾有人讲过的。"[1] 只有傲骨而没有傲气的大师比比皆是，自由而不卖弄授课在当时的大学里是很受推崇的。

学生尊敬教授，教授爱护学生也是这个时期的特点。1943年，费孝通到美国后，亲自将自己学生的研究成果译成英文在美国出版，当时费先生也只不过30岁出头，做这样的事当然是需要一点胸怀和境界的。[2]王淦昌先生回忆他当年在清华的学生生活时，也说到过这样一件事："1930年我考进德国柏林大学做研究生，在一次偶然的机会看到了我上面说的那篇论文被翻译成英文发表在清华大学论文集第一期上，这是完全出乎我意料的事，使我非常惊讶，十分感激。吴教授对他学生做的事

---

① 胡水清：《陈寅恪"四不讲"的魅力》，《中国教师报》2013年9月27日。

② 费孝通：《乡土中国》，北京出版社，2005，第90页。

就像他自己做的事那样认真，竟亲自翻译并送去发表。它又是一股无形的动力，激励着我在柏林大学认真做研究。"① 王淦昌提到的教授，便是当时清华物理系的吴有训先生。

同样，校长也保护教授和学生。大学校长以爱护学生和教授为天职，这也是现代大学的理念之一。对当时大学的校长来说，他们决策重要事情时，首先会与教授、学生进行沟通，全然不会把大学校长当作一个官员来看。每当教授和学生出事的瞬间，他们的第一反应不是推脱责任，训斥教授和学生，而是保护他们，使他们免于受任何伤害。当时的大学校长似乎有一种自觉，凡是教授和学生遇到什么事情时，他们总是把教授和学生放在第一位，这已经成为大学校长约定俗成的原则。

冯友兰在回忆录中提到，有一次，清华接到当局的一份学生名单，要学校把这些学生交出来。梅贻琦校长立刻召集校务会议，商讨应对办法，决定由教务处通知这些学生，叫他们小心谨慎，尽可能隐蔽起来。当局派部队围住了清华，要逮捕这些学生。刚吃罢晚饭，梅贻琦打电话叫冯友兰去他家开会。到了梅家以后，才知道大部分学生聚在体育馆内，军警正准备攻打体育馆。梅贻琦说："看情况随时都可能发生大事，校务会议的人都不要走，等着随时应付。"然后梅贻琦就往城里打电话，请求援助。后来找到当时的市长秦德纯，他过去是宋哲元的幕僚，秦找了宋哲元后，军警才撤离了清华。②

当年的一个学生后来回忆说："从这一件事看来，梅校长当时作为国民党政府特任的国立大学校长，能冒着一定风险，如此保护学生，应该说是十分难得的。"

校风的熏陶与传承。在当时的大学，许多的专家学者聚集在一起，彼此互相学习。即使一位教授，在他研究的那个学术领域内，可能是不

---

① 谢泳：《过去的教授》，《中国青年报》2007 年 8 月 1 日。
② 谢泳：《记忆中飘香的教授们》，《教育》2007 年第 4 期，第 8 页。

容争辩的权威，但是他还会到其他教授的讲堂里，和学生们同坐在下面一同聆听；在校园里学生常听到一些很心服的老师谦逊地说，自己对某方面所知甚少，某个问题最好向某位教授去求教，教授之间的这种互相学习、互相尊敬的良好风气，深深地影响了他们的学生。

民国时期的高等教育，在近四十年风云变幻的历史大环境下，既有追求时代涛头的精华，也有落后于时代要求的糟粕，在经受战争与和平纷繁的考验与洗礼后，对"大学自治、教授治校、学术自由"的诠释和师生之间，校长与教授、学生之间的平等、自由与尊重，给后人留下了颇多值得钩沉深思的东西，为大学生主体权利生成提供了价值取向。

第三节 新中国成立后大学生主体权利的发展

一 "废旧布新"时期的大学教育调整使大学生主体权利得以生成

1949～1966 年的中国大学通常被称为接管、改造、调整时期，大学教育是以探索大学内部领导体制为中心，大学教育功能主要是促进社会发展，促进人的发展，满足大学生个体需求权利的实现。

1949～1957 年社会主义改造时期的高等教育，可以概括为"废旧布新"。高等教育是在中外两种经验下进行改革和发展的。一是废除了国民党设立的"党义""公民"等旧课程和旧教材，开设了"新民主主义论"和"社会发展史"等新课程；结合抗美援朝、土地改革和镇压反革命等时事，进行爱国主义、无产阶级国际主义教育；实行"向工农开门"的方针等以马克思主义为指导、紧密联系实际的教育政策。二是推崇苏联的教育理论与经验，移植苏联的教学计划、教学大纲和教材；以苏联为样本，从 1952 年下半年开始进行高等院校院系调整。院系调整的目的是改变旧中国高等教育结构不合理的状况，以华北、华东、中南地区为重点，实现全国一盘棋，并以培养工业人才和师资为重点，发展专门学院，整顿和加强综合大学。但是，在具体实施过程中，矫枉过正，砍掉了不少在经济建设中具有重要作用的文科专业，导致财经、管理和政法等专业严重萎缩。

1958～1966 年是"废旧布新"的最后阶段。高等教育工作与经济工作同步，贯彻执行"调整、巩固、充实、提高"八字方针，并且总结了新中国成立以来教育工作正反两方面的经验教训，试行《教育部直属高等学校暂行工作条例》（简称"高教 60 条"），在 1961～1963 年的大幅度调整中，高校由 1960 年的 1289 所，裁并为 407 所，在校生由 96 万人压缩到 75 万人。[①] 经过调整，高等教育有所提高，同时由于"教育革命"伤害了一批知识分子，高等教育事业相应受到挫折。

从这一时期的政策看内部治理，总体上说，"中央高度集中统一"是这个时期形成的高等教育管理模式。[②] 在中央政府的政策推动和指导下，经历了校务委员会制、校长负责制、党委领导下的校务委员会负责制、党委领导下的以校长为首的校务委员会负责制、党委领导下的以工宣队为主的革命委员会负责制。即经历了集权、放权和收权几次变革，但是收放的都是行政权力，是政府高度集权下探索大学领导体制的核心问题，没有激活学术权力，大学生只有学习义务。

从这一时期各种政策的数量来看，国家颁布有关高等教育体制政策34 份，其中高等教育行政体制政策 22 份，高等学校内部管理体制政策 3 份，高等学校教育体制政策 9 份。[③] 新中国成立之初，百废待兴，国家亟须培养大批专业技术人才。

显而易见，这一时期对高等教育侧重于满足社会发展的需要，作为

---

① 潘懋元：《高等教育学》，福建教育出版社，2007，第 29 页。
② 张德祥：《1949 年以来中国大学治理的历史变迁》，《中国高教研究》2016 年第 2 期，第 30 页。
③ 康翠萍：《一种分析范式：中国高等教育政策研究》，人民出版社，2010，第 83 页。

生产斗争和阶级斗争的工具，关注的是国家通过政策管理学校，强化内部领导体制整合，培养国家亟须的又红又专的工科人才。以发展学生个性为主的教育政策和制度建设不是很明显，大学生的受教育权在夹缝中生存。

二 "文革"致使高等教育运行陷入瘫痪，大学生主体权利被剥夺

文化革命时期，全国绝大多数高校经历了造反、夺权、内斗和清查队伍等种种干扰，还遭遇了搬迁、改制、合并、撤销等种种变化。一场毁灭性的高等教育大革命拉开序幕，中国高等教育既完全脱离世界高等教育的主流体系，也基本切断了与刚建立起来的仿苏体系的联系，走上了超前发展的道路。如果说在现代化进程中各国高等教育你追我赶，存在着一种竞争态势，那么我国高等教育为了赢得与资本主义乃至与社会主义国家的竞争，已经完全脱离竞技场，走上了一条既与传统隔断，也与外界经验完全隔断的孤立发展道路，在某种意义上切入了一种"随意创造"模式。① 宪法中公民的权利义务关系发生了颠覆，大学生受教育机会的权利成为政治斗争的工具。

毛泽东主席在相关文件中分别指出，"学生也是这样，以学为主，兼学别样，即不但要学文，也要学工、学农、学军，也要批判资产阶级。学制要缩短，教育要革命，资产阶级统治我们学校的现象，再也不能继续下去了"，"大学还是要办的，我这里主要说的是理工科大学还要办，但学制要缩短，教育要革命，要无产阶级政治挂帅，走上海机床厂从工人中培养技术人员的道路。要从有实践经验的工人农民中间选拔学生，

---

① 贾永堂、罗华陶：《新中国高等教育发展道路的历史考察——基于后发展理论分析》，《高等教育研究》2016 年第 5 期，第 31 页。

到学校学几年以后，又回到生产实践中去"。①

"文化革命"对文化和教育的极度摧残，致使我国教育领域陷入瘫痪状态。高等教育运行畸形，大学停止招生，高等教育政策几乎处于冻结状态。根据我们查阅有关政策文本，这十年国家仅出台高等教育体制政策8个，而且都是关于高等教育行政体制政策中的招生与就业政策问题。

显然，这是以政治实用主义思想为指导，希望通过直接实践将学生培养为实干型人才。但这违背了教育的内部规律，教授成为反动的学术权威，师生平等和谐的关系演变为敌对关系，造成高等教育的荒芜，大学生主体权利被剥夺。

三　改革开放以来，保障大学生主体权利得到恢复和发展

（一）百废待兴、拨乱反正，大学生主体权利得以恢复

"文化革命"结束以后，尤其是在党的十一届三中全会之后，高等教育改革与发展可以简要地概括为"拨乱反正，开创未来"，高等教育正确的办学方针逐步恢复与确立。1979年国家三部委在北京联合召开全国高等学校科学研究工作会议，为了承担起培养专门人才和发展科学技术的双重任务，高等学校必须把工作重点转移到教学和科研上来，它是我国文化和科学水平的重要标志。1979年5月和6月，教育部先后召开直属11所工科院校专业调整会议和直属综合大学理科专业调整会议。1980年以来，高等教育的结构与招生制度的改革开始纳入日程。其间，我国先后颁布了《国务院批转教育部关于1977年高等学校招生工作的意见》《教育部关于印发部属综合大学理科专业调整会议文件的通知》《全国重点高等学校暂行工作条例》等文件，涉及教师、学位、毕业生分配

---

① 陈学飞、展立新：《我国高等教育发展观的反思》，《高等教育研究》2009年第8期，第1～26页。

等多个方面。

教育改革一直是邓小平同志高度关注的问题。当时，我国的经济改革大潮已经由农村拓展到城市，党的十二届三中全会制定了《中共中央关于经济体制改革的决定》，以推进我国经济体制改革的深入发展。在邓小平同志"科学技术是第一生产力"的思想指导下，《中共中央关于科技体制改革的决定》随后出台。在谈到这两个决定的贯彻实施时，小平同志都强调，他最关心的还是人才问题。而解决人才问题，教育是基础，不改革教育体制，人才培养就无法满足社会主义建设的需要。因此，制定与这两个决定相配套的教育体制改革文件，以完成中国体制改革的整体战略部署迫在眉睫。在这样的背景下，《中共中央关于教育体制改革的决定》出笼，指出高校毕业生实行"统招统分"，在财政、用人制度上管得太死，专业设置等已不适应社会需求，学校缺乏自主权；教育结构也不合理，最主要体现在职业教育比重太小，职业技术人才培养难以满足社会主义现代化建设的需要等问题方面，从而引发高校招生计划和分配制度改革以及办学自主权的扩大。

强调高校教师的政治与社会地位，明确中国知识分子绝大多数已经是工人阶级的一部分。1978 年，国务院批转教育部《关于高等学校恢复和提升职务问题的请示报告》，高校恢复职称评定。1979 年，教育部颁布《关于高等学校教师职责及考核的暂行规定》，建立教师考核、培训制度，并提出改进校内的分配制度。教育部还在上海交大等部分高校开展定编定员、岗位责任制、教师聘任制、人才交流和工资改革等试点工作。

从高等教育体制政策看，新出台高等教育行政体制政策 6 份，高等学校内部管理体制政策 1 份，高等学校教育体制政策 7 份。尤其是 1985 年《中共中央关于教育体制改革的决定》全面启动教育改革，成为中国教育改革与发展的里程碑。

这一阶段确定了党委领导下的校长分工负责制、科教融合的指导思想，并恢复了教师的评价制度，招生制度也得以恢复。大学生主体权利开始通过行政权力和教师权力给予适当保障，大学生主体权利得以恢复。

（二）颁布教育政策法规，保障大学生主体权利

为实现高校办学的自主权，国家颁布政策，实现教育体系系统化，实现教育的功能。为了适应和服务经济体制改革，尽快摆脱近百年来模仿和移植外国高等教育的局面，建立中国特色的社会主义高等教育，1985年中共中央国务院召开了全国教育工作会议，对教育体制改革的有关问题精心讨论，并制定、公布了《中共中央关于教育体制改革的决定》。目的是改革长期以来高等教育受国家经济体制、政治体制、管理体制中的弊端影响而产生的诸多问题，提出了"加强宏观管理，坚决实行简政放权，扩大学校办学自主权"等高等教育体制改革的重点。从而确立了各级各类教育行政体制改革的原则、办法，明确了高等教育实行"中央、省、中心城市三级办学"的体制。1995年《中华人民共和国教育法》出台，依靠法律的形式将教育体制系统化。

国家出台保障性政策，保证贫困大学生受教育权的实现。新中国成立后至20世纪80年代中期，我国高等教育实行"免费＋人民助学金"，学生无需交纳任何学费，而且还可以获得生活补助。为了实现高等教育，实则应该实行成本分担和补偿制度。1985年《中共中央关于教育体制改革的决定》明确了高等学校"可以在计划外招收少量的自费生，学生应缴纳一定的培养费"。1989年，原国家教委等三部委联合发出《关于普通高等学校收取学杂费和住宿费的规定》。1994年，一些公立高校开始招收自费生，并且逐步形成公费生与自费生并存的"双轨制"。1996年中国高等教育"并轨"后，高等教育全面实行收费制度。随着高等教育规模的扩大，高校内贫困生的总体数量呈上升趋势，助学贷款政策随之相继出台。1986年7月，国务院批转了国家教委和财政部《关于改革现

行普通高等学校人民助学金制度的报告》；1987 年 7 月，国务院正式颁布《普通高等学校本、专科学生实行贷款制度的办法》；1999 年 6 月，国务院办公厅转发由中国人民银行、教育部、财政部在 1999 年 5 月制定的《关于国家助学贷款的管理规定（试行）》，标志着我国新型贷款政策出台。2000 年 8 月，国务院办公厅转发中国人民银行、教育部、财政部发布的《关于助学贷款管理的补充意见》，把国家助学贷款由 8 个试点城市扩大到全国范围，经办银行由中国工商银行扩大到四大国有商业银行；同时，中国人民银行发布《中国人民银行助学贷款管理办法》，规定把助学贷款对象由全日制本科生扩大至研究生，使寒门学子也能够通过助学贷款完成学业。

为了实现教育的社会功能，国家制定政策，有目的地培养社会主义事业的建设者和接班人，以实现大学生的主体权利。1985 年《中共中央关于教育体制改革的决定》将"提高民族素质，多出人才，出好人才"作为今后教育改革与发展的根本。1987 年初开始从高校教学、科研以及思想政治工作方面对高等教育质量作出规定，1987 年 5 月国家教委颁布《关于改革高等学校科学技术工作的意见》，指出：高等学校肩负着培养高级专门人才和发展科学技术文化两项重大任务。教学和科学研究都是培养高级专门人才的重要途径，高等教育的发展，尤其是师资水平的提高，教学内容的更新，传统专业的改造等都依赖于科学研究。与此同时，《中共中央关于加强高等学校政治工作的决定》明确了坚持高等教育的社会主义方向，使学生坚持四项基本原则、坚持改革开放，从根本上提高思想政治素质。为了更好地实现教育目的，培养德智体等全面发展的高层次人才，1990 年初国家教委发布了《学校体育工作条例》和《学校卫生工作条例》，对学生身心健康给予关注。1992 年 12 月还制定了《关于加快改革和发展普通高等教育的意见》，提出了面向 21 世纪、在全国重点办好 100 所大学和一批重点学科的"211 工程"。

1993 年 2 月，中共中央、国务院印发《中国教育改革和发展纲要》，明确提出，要采取综合配套、分步推进的方针，加快步伐，改革包得过多、统得过死的体制，逐步构建与社会主义市场经济体制、中国特色社会主义政治体制和科技体制相适应的新式教育体制。并明确指出，提高教育质量、注重办学效益是当前我国高等教育改革和发展的基本要求。《纲要》把我国高等教育体制改革引向了进一步深化改革的新阶段。

1994 年国家教委启动了"高等教育面向 21 世纪教学内容和课程体系改革"的计划。指出 21 世纪对于人才的知识、能力、素质的基本要求；教育思想和教育观念的改革；研究和调整专业结构、专业目录和专业设置；研究和改革各专业或专业群的目标和人才培养规格，改革人才培养模式；研究和改革主要专业或专业群的教学计划和课程结构；研究和改革课程教学内容，编写出版一批高质量的"面向 21 世纪课程教材"；研究和改革教学方法和手段，把教学内容和课程体系、教学方法建立在现代教育技术的平台之上。我国科学技术大会召开，1995 年颁布了《关于加速科学技术进步的决定》，首次提出了"科教兴国"的战略，并成为我国 21 世纪高等教育改革的基本指导思想。1998 年全国人大常务委员会通过的《高等教育法》对高等教育一系列重大问题都作了法律规定，也使得高等教育依法治教有了法律的保障。1999 年出台的《中共中央国务院关于深化教育改革，全面推进素质教育的决定》，明确指出以提高国民素质为根本宗旨，以培养学生的创新精神和实践能力为重点，造就"有理想、有道德、有文化、有纪律"的德智体美等全面发展的社会主义事业建设者和接班人。

这一时期，国家改变了计划经济体制下形成的高度集中的管理模式，进一步确立中央与省分级管理、分级负责的教育管理体制，出台助学贷款政策，提出教学内容和课程体系改革，尤其是制定《高等教育法》，为质量政策向法律文本的转化迈出坚实的一步，为大学生主体权利提供了政策和制度方面的保障。

（三）实施素质教育，发展大学生主体权利

从《中共中央国务院关于深化教育改革，全面推进素质教育的决定》（简称《决定》）到《国家中长期教育改革和发展规划纲要（2010～2020年）》，我国高等教育已步入发展时期。

《决定》指出："全面推进素质教育，要面向现代化、面向世界、面向未来，使受教育者坚持学习科学文化与加强思想修养的统一，坚持学习书本知识与投身社会实践的统一，坚持实现自身价值与服务祖国人民的统一，坚持树立远大理想与进行艰苦奋斗的统一。"[1] 同时还指出，实施素质教育，必须把德育、智育、体育、美育等有机地统一在教育活动的各个环节中。寓德育于各学科教学之中，克服形式主义倾向。智育工作要转变教育观念，改革人才培养模式，积极实行启发式和讨论式教学，激发学生独立思考和创新的意识，切实提高教学质量。健康体魄是青少年为祖国和人民服务的基本前提，是中华民族旺盛生命力的体现。学校教育要树立健康第一的指导思想，切实加强体育工作，使学生掌握基本的运动技能，养成坚持锻炼身体的良好习惯。《面向21世纪教育振兴行动计划》又把创新教育列入高等教育的质量内容中。

2000年国家主席江泽民发表《关于教育问题的谈话》，强调了德育和法制的重要性。2001年教育部在部署工作时提出高等教育人才质量问题，强调"高等教育要融传授知识、培养能力和提高素质为一体，加大对大学生创新精神与实践能力的培养力度"。[2] 国务院副总理李岚清作的《关于实施科教兴国战略工作情况的报告》特别提出了高校要培养具创新能力的各类人才问题。于是在学籍管理、教材建设、教学质量、专业结构等方面颁布了相关文件，并严格管理。从2003年起，国家开始启动

---

[1] 康翠萍：《一种分析范式：中国高等教育政策研究》，人民出版社，2010，第318页。
[2] 康翠萍：《一种分析范式：中国高等教育政策研究》，人民出版社，2010，第319页。

"高等学校质量和教学改革工程"，一直到 2008 年，高等教育质量始终是高等教育政策制定的一项非常重要的主题。

通过考察以上内容可以看出，为了保障人才质量，这一时期已从单纯的教学管理发展为融校园秩序管理、公寓安全管理、食堂卫生管理、学位证书管理、招生就业管理、科研活动管理为一体的多层次、宽领域、较为全面、科学的管理内容体系。同时，学生的心理健康教育也走进高等教育视野。尊重大学生人格，遵循大学生身心发展规律，保证大学生身心健康成长，将逐步成为高等教育人才质量政策内容确立的重要原则。

（四）开展大学治理，助推和完善大学生主体权利

党的十八届三中全会以来，国家、政府和社会各个层面都进行着一场围绕着"简政放权""依法治国"展开的治理变革。大学作为重要的社会组织对于开展依法治理，推进国家治理体系和治理能力现代化总目标的实现必不缺少。与管理体制相比，大学治理理念更加强调多元主体对大学的共同治理。

从一般意义上讲，大学治理包括外部治理与内部治理。大学外部治理涉及包括政府在内的其他社会组织与大学的关系，内部治理涉及大学内部各群体之间的关系。我们主要关注的是内部治理问题。内部治理关系有些是原生的，有些则是后发的。"在欧美国家，调节大学内外部各种关系的基本原则主要有四个，即学术自由、大学自治、学术问责和学术自律。这些原则是欧美大学在数百年历史演进中不断确立起来的，是约束和指导大学治理的基本条件。"[1] 从原则倾向可以看出，共同治理和分享治理是欧美大学治理的主要方式。我国特殊的社会文化和大学发展环境促使我国的大学治理是政策主导下的授权治理。从宏观方面看，大学面临非常强势的党委和政府的直接领导管理，虽然国家法律和政策文

---

[1] 别敦荣：《论我国大学治理》，《山东高等教育》2016 年第 2 期，第 3 页。

件规定了大学的法人地位，但是在现实生活中其难以完全得到落实，大学自治难以实现。从微观层面讲，各级各类大学也是集中、集权领导和管理，权力都集中在学校的校级层面，决策权归结为学校的主要领导和党政部门的主要负责人。行政文化是大学的主导文化，学术文化被行政文化所消解。欧美大学的行政是处于辅助地位的，我国大学的行政都是处于主导地位的，所有行政人员都掌握了行政的决策和执行权力。[①] 在这样的思维影响下，导致了教师对学生的控制。教育过程就是学生的价值被发现和被尊重的过程。在我国，一个普遍的现象是学生的价值观难在实质上得到尊重，教师仍在以各种手段严格控制学生的发展过程，这种控制渗入学生的学习、行为、思想等方方面面，我们称此种做法为过度控制，这和教育的发展趋势是相悖的。比如，教师不重视学生在学习中的话语权，热衷于把自己的主观经验强加给学生，使"教"流于说教，"师"好为人师，导致学生不会提问题。大学生主体权利的实现须以加强管理的方式予以保障。

另外，高校内各种权力不能相互制衡。党委书记和校长均由政府直接任命，虽然校长也可能由学校内部通过一定范围内的民主测评产生，但须经组织部门的审查和主管部门的认可与委任。校长不仅是学校的最高行政权力代表，也是学术权力的核心。即便在诸如职称评审、学位授予等学术性决策中，由于学术性组织的负责人通常也由校长担任，这便造成了高校的学术权力集中在校长和党委书记手中，教授的学术决策力受到限制。高校各个院系和教职员工缺乏自主权，教职工代表大会的权利也不能充分发挥。[②] 高校的激励与约束机制尚不健全。

2010 年《国家中长期教育改革和发展规划纲要（2010～2020 年）》首次明确提出了教育公共治理概念，主张建立"政事分开、权责明确、

---

① 别敦荣：《论我国大学治理》，《山东高等教育》2016 年第 2 期，第 4 页。
② 郭宏：《试论完善高校治理的内部控制建设》，《经济师》2007 年第 11 期，第 113～115 页。

统筹协调、规范有序"的教育管理体制。在转变政府的教育管理职能，重组政府、社会和学校的权利关系方面，主张分权与参与的政策和主张。依法治理成为大学管理的一种高级形态，各个行为主体通过恰当的方法与途径，按照自己的规则体系运行的同时，主动地将自己的智慧与情感投入到管理活动中去，多领域、多层次地参与大学内部治理体系，并分享治理权力和分担治理责任。大学治理体现行为主体的多元化、平等性，行为方式的民主化、协调性，关注内容的多样化、复杂性。随着高等教育普及化进程加快，大学生能体现现代精神、反映教育成果的主体权利，在信息化、全球化、民主化语境下已成为现代管理的重要理念和价值取向。《纲要》同时指出："充分发挥学术委员会在学科建设、学术评价、学术发展中的重要作用。探索教授治学的有效途径，充分发挥教授在教学、学术研究和学校管理中的作用。"① 同年，国务院明确北京大学等 26 所部属高校成为以大学章程完善内部治理结构的试点学校。

为了推进大学治理结构的完善和治理方式的转变，中央全面深化改革领导小组第 15 次会议审议通过了《统筹推进世界一流大学和一流学科建设总体方案》，明确指出，"要完善大学内部治理结构、健全以学术委员会为核心的学术权力结构，健全第三方评价机制和办学成本分担机制"。② 2015 年修订后的《高等教育法》明确高等学校应设立学术委员会，并履行学术职责，增加了"高等教育必须为人民服务"以及"与生产劳动和社会实践相结合"的内容；在原有的"培养具有创新精神和实践能力的高级专门人才"之外，还增加了"社会责任感"的要求。与此同时强调对学生学习能力、实践能力、创新能力的全面培养，推进产学研用相结合，增强大学服务社会的能力。这次修改体现了教育改革发展

① 《国家中长期教育改革和发展规划纲要（2010～2020 年）》，2010 年 7 月 30 日。
② 湛中乐：《大学治理的重要保障——兼评〈中华人民共和国高等教育法〉的修改与完善》，《中国高教研究》2016 年第 6 期，第 31 页。

以人为本、全面实施素质教育的时代主题。

2017 年修订后的《普通高等学校学生管理规定》明确指出，"规范普通高等学校学生管理行为"，由"保障学生身心健康"修改为"保障学生合法权益"，强调学生的权益，体现了权力与权利平衡的思路。增加了在校内组织、参加学生团体，以适当方式参与学校管理，对学校与学生权益相关事务享有知情权、参与权、表达权和监督权等方面的内容。这有利于学生权利的保障，也反映了推进高校实现民主办学、自主办学的倾向。在学籍管理、申诉处理等对学生进行不利处分时，也规定了"学校在对学生做出处分决定之前，应当听取学生或者其代理人的陈述和申辩"，并且规定学校的告知、送达义务。无论在实体方面还是在程序方面，《规定》的可操作性均明显增强，标志着大学生主体权利的保障也逐渐完善

所以，以体现时代精神、全方位反映教育成果的大学生主体权利为核心，充分发挥党委权力、行政权力、学术权力和学生权力协商共治的机制可以说是规则与现实的紧密融合，以及实现大学基本任务的最佳选择。

第三章

大学生主体权利生成的外在逻辑

如果我们把某一社会、某一时期大学生主体权利的表述视为权利系统的主要因素的话，那么这一内在系统的运行和发展一定是依赖于外部政治环境、文化环境和制度环境的。其中法治中国建设为大学生主体权利生成提供了良好的政治环境，社会主义核心价值观为大学生主体权利生成提供了优质的文化环境，宪法权利内容和作用为大学生主体权利生成提供了制度环境。政治环境、文化环境和制度环境的有机组合、彼此作用，构建了大学生主体权利生成的外在逻辑。

第一节　大学生主体权利生成的
外在逻辑及具体表现

一　大学生主体权利生成的外在逻辑

大学生主体权利生成的外在逻辑是指大学生主体权利产生、发展的外部条件及这些条件在形成中发挥的作用。从一般意义上讲，大学生主体权利生成除了经济因素起决定作用外，一定时期的政治、文化、制度等因素更为直接具体，现阶段法治中国的推进、社会主义核心价值观的引领和宪法权利的保障，构成了大学生主体权利生成的重要且必不可缺的外部条件及规律。

二　大学生主体权利生成的外在逻辑表现形式

习近平总书记在高校思想政治教育工作会议上的讲话中强调，高校思想政治工作关系培养什么样的人、如何培养人以及为谁培养人的根本问题。其中"为谁培养人"就是明确培养目标。"人治"、"法制"、"法治"、"依法治国"及"法治中国"不是字面意义上的演绎，而是历经时代的打磨。高等教育经历政策主导下管理到治理，体现了法治时代法治在教育领域的价值和意义，全面依法治国的推进，使教育体验到自由、民主的环境，法治中国为大学生主体权利生成创造了优良的政治环境。习近平总书记指出："人类社会发展的历史表明，对一个民族、一个国家来说，最持久、最深层的力量是全社会共同认可的核心价值观。核心价值观，承载着一个民族、一个国家的精神追求，体现一个社会评判是非曲直的价值标准。"[①] 社会主义核心价值观彰显时代精神，凝聚时代价值，为大学生主体权利生成提供精神支柱。现有宪法等有关部门法律以及其他法规、规章规定，大学生权利的内容、范围和行使方式要为大学生主体权利的生成提供制度保障。所以大学生主体权利生成的外在逻辑表达是：法治中国、社会主义核心价值观良好的社会氛围和宪法权利。

---

① 习近平：《青年要自觉践行社会主义核心价值观——在北京大学师生座谈会上的讲话》，人民出版社，2014，第3页。

第二节　法治中国建设为大学生主体
权利生成提供政治环境

一　从法治中国到全面依法治国

2013 年 1 月，习近平总书记在全国政法工作会议上第一次提出"法治中国"概念。明确指出"全国政法机关要顺应人民群众对公共安全、司法公正、权益保障的新期待，全力推进平安中国、法治中国、过硬队伍建设"。同年通过的《中共中央关于全面深化改革若干重大问题的决定》又把"推进法治中国建设"作为全面深化改革的重要内容，并就"法治中国建设"提出了总体要求和制度性要求："建设法治中国，必须坚持依法治国、依法执政、依法行政共同推进，坚持法治国家、法治政府、法治社会一体建设。深化司法体制改革，加快建设公正高效权威的社会主义司法制度，维护人民权益，让人民群众在每一个司法案件中都感受到公平正义。"① 这是党的文件对"法治中国"的首次表述。为了实现这一战略目标，十八届四中全会作出了《中共中央关于全面推进依法治国若干重大问题的决定》。该决定是党的十五大提出"依法治国"方略以来，各次大会和全会有关法治问题的最新战略。它是建设中国特色社会主义的必由之路，是对社会主义国家实践经验教训的科学总结。它是良法之治、程序之治和理性之治。

全面推进依法治国是党的十八大提出的新目标，是法治中国的过程，是党的十五大报告提出的"依法治国"这一目标的"空间"拓展和深化，涵盖了我国各领域、各方面，它不断外化和深化为依法行政、依法执政、依宪治国、依宪执政和依法治军等。它是坚持中国共产党领导下，

---

① 《中共中央关于全面深化改革若干重大问题的决定》，人民出版社，2013，第 31~32 页。

以中国特色社会主义理论为根基，使法治规律与中国国情的有机结合，以及自上而下国家推动和自下而上全民参与紧密结合的治国方略。它既是中国特色社会主义理论创新的重要组成部分，也是中国共产党长期法治实践的结果，当今时代的产物。

二 法治中国建设为大学生主体权利生成提供时机

全面依法治国是一种治国的思想体系。以法律在治国中的地位作为衡量标准，治国的思想实质上只有两种：人治与法治。无论在西方还是在中国，采取"人治"的方式治理国家均是封建制社会的共同特征。人治并不是取消法律，只有极端的人治才会如此，普遍的人治是借助法律实现专制。人治通过法律建立并稳固统治与社会秩序，它不是社会权力的基础，而是国家最高权力的工具，这种最高权力通常表现为皇权或王权以及少数贵族特权。在中国古代，围绕国家治理，历史上也有著名的儒家与法家之争。法家没有提出"法治"这一概念，但与儒家"人治"相对应提出"以法治国"的思想。亚里士多德的《政治学》认为：法治意味着已成立的法律获得大家普遍的认可、服从，而大家所认可、服从的法律必须是良好的法律。这一思想有两个方面：法律有良法与恶法之分，法治的前提指"良法"；法律在社会中的地位具有至高无上性，不存在法外特权。到了近代，法治不是把法律作为手段去统治人民，而是去限制政府的权力，即建立所谓的"有限政府"，法治的归宿即保障人民的权利。

全面依法治国是一种治国的原则体系。法治仅仅作为理想或观念是不可能成为一种治理国家的政治现实的。作为一种治国的行为指向，它要求用宪法和法律把法治理念确认下来，成为一个国家民主政治和宪政体制的组成部分，转化为概括并浓缩各种法律制度、程序和规范的一系列法治原则。重点强调立法先行，良法善治，健全社会主义法治体系，实现法治中国。重视程序建设，主张程序正义，保证实体公正。同时，实现治理主体的多元化，治理主体不仅仅是行政机关，还包括公民和社会组织，有主导、有协同、有参与。充分重视维护公民的合法权益，主张权利与义务的统一，以权利为本，以民生为本。

全面依法治国是一个行动纲领。当今我们进入全面深化改革的深水区，面对国内、国际错综复杂的矛盾，问题是很多的。"必须清醒看到，同党和国家事业发展要求相比，同人民群众期待相比，同推进国家治理体系和治理能力现代化目标相比，法治建设还存在许多不适应、不符合的问题。"① 也就是说这些问题，有的违背社会主义法治原则，有的损害人民群众利益，有的妨碍党和国家事业发展，必须予以彻底解决与根治。

全面依法治国作为治国的思想、原则体系和行动纲领，从宏观上为推进大学治理法治化提供依据，也为大学内部治理中大学生作为特殊主体所必须要有的相应权利提供支撑。

在高等教育法治化背景下，大学生不仅是受教育的客体、对象，而且也是受教育过程的主体，尊重人权，确认与保障大学生主体权利是法治中国的必然要求。这一要求为大学生主体权利生成提供了有利的外部环境机遇。

三　法治中国建设为大学生主体权利意识由自为转向自觉提供转机

改革开放四十年来，中国社会经历了"1978 年破两个凡是权威，展开了真理标准大讨论，1992 年摆脱姓资姓社的争论，1997 年排除姓公姓社的非难三次大的思想解放运动"。② 21 世纪以来，社会财富极大丰富，人们的精神面貌发生改变。经济基础决定上层建筑，人们的观念也在悄

---

① 《中共中央关于全面推进依法治国若干重大问题的决定》，《人民日报》2014 年 10 月 29 日。
② 郭道晖等：《中国当代法学争鸣实录》，湖南人民出版社，1998，第 89 页。

然发生改变，通过宪法、法律保障人权的社会诉求也变得极为强烈。2004 年 3 月 14 日是我国人权发展史上的一座重要里程碑，标志着人权意识新的发展阶段的到来——"国家尊重和保障人权"被写入《宪法》。①人权意识的传播推进了人权观念的普及与人权理论的研究，由此引发方兴未艾的人权法治建设，我们在此时代浪潮中，不断激流勇进，康德曾说"不论是谁在任何时候都不应把自己和他人仅仅当作工具，而应该永远看作自身就是目的"。② 所以人权是从人的本体角度出发，人作为理性存在者，自己给自己立法。人既是立法者，又是执法者。因而执法并不是被动地作为手段"必须如此"，而是自在自为的、自觉自主的"我意如此"。在这里，人是服从自己立法的主人，绝对服从而又法由己立。

　　当今的中国，正在建设社会主义民主法治社会的大道上稳步前行，从主张经济、社会、文化和消费者权利，到捍卫政治、环境、食品安全和纳税人权利，"公民权利意识"的普遍觉醒可以被视为对当今时代特征的最好注解。不可否认，人们"权利意识"的普遍高涨，为树立法律权威、培养法治观念、发掘公民意识，提供了巨大推动力，成为新时代中国社会进步的重要催化剂。成熟健全的权利意识是主体的权利意识与责任意识的统一。人既是权利主体，也是义务主体；既享有自由的权利，也担负社会的责任，大学生作为社会的精锐力量，也应在维护合法权利的同时，切实履行好社会责任。权利关联着义务，权利意味着自由，意味着权利主体可以自由地行动，自由地接受、享用甚至放弃自己的权利利益，但是义务是不能放弃的。由于教育治理的推进，学校各种法律关系的存在，势必形成权利主体的多元化、权利关系的复杂化、权利冲突的存在以及权利的实现受制于社会条件，因而主体的权利自由必然要受

---

① 李龙：《人本法律观简论》，《社会科学战线》2004 年第 6 期，第 198～206 页。
② 康德：《道德形而上学基础》，上海人民出版社，1986，第 86 页

到一定的限制。大学生作为一个特殊主体的权利只能在道德和法律允许的范围内行使。以权利自由为借口逃避对他人和社会所负的责任，滥用权利自由而侵害他人和社会的权利，在权利冲突中任何以牺牲他人权利为代价的实现自身权利的选择，都是违背道德和法律的。权利与义务的辩证统一性成就了社会生活的秩序，也成就了教育秩序，权利意识已经成为大学生的惯性思维，法治观念也成为大学生的生活方式，大学生主体权利意识从自为转向自觉已成必然。

四　法治中国建设为大学生主体权利生成提供目标

法治的价值蕴含着人自身和人类的命运。从西方传统的法治看，整个社会是从个体的角度出发对人进行关注，并探讨个体的权利、权力与自由的范畴及价值，以便在最大程度上满足个体的权益诉求。由此得出，法治的主体是人，最终点也是人，朝着以人为本的方向发展是历史的必然。坚持以人为本，必须最终落实到为人的发展创造最为自由和广阔的空间的价值上来。人的自由而全面发展是社会主义的最终价值追求，是人摆脱了自然、社会和人类自身的束缚而获得的充分发展，从而使得人成为真正意义上的自然的主人、社会的主人和自身的主人。马克思曾经指出，人的发展经过了人的依赖关系、以物的依赖性为基础的人的独立性、人的有限的独立性和相对的自主性等三个阶段后，才在一定程度上获得了解放和发展。但人的自由而全面发展会受到生产力发展水平、生产关系以及由此形成的上层建筑等诸多因素的影响和制约，因此，在资本主义制度下，人虽然得到某种程度的发展，但那是停留在少数人身上的、畸形的发展，甚至出现了人的异化现象。社会主义克服了资本主义在人的发展方面存在的弊端，以资本主义创造的巨大生产力和物质财富为基础，在改造社会生产实践的伟大过程中，逐步消除了人的异化，实现了人的解放。正如马克思所说，"代替那存在着阶级和阶级对立的资产阶级旧社会的，将是这样一个联合体，在那里，每个人的自由发展是一切人自由发展的条件"。① 只有在未来的共产主义社会，人的自由而全面的发展才可能在真正意义上得以实现。

法治保障人的自由全面发展。法治内含了公平正义、自由与秩序的统一。社会主义法治必须坚守马克思主义的价值观，马克思主义对人类利益及其历史命运的关注始终如一，社会主义法治理念和制度规范以保护和促进人的自由全面发展为责任。在法治的条件下，人的发展有着生存、自尊和自由三个方面的基本要素，它们由法治蕴含的智识、思维、价值、信仰、模式、程序所积累。因提高人的生存质量、自尊水平和自由个性，扩展人的发展平台，满足人的需要和利益追求，而实现人的自由全面发展。

第一，法治满足大学生的需要。人的自由全面发展，首先是满足人的需要。需要是人的本性。大学生在不同成长时期和不同现实条件下对自身的需求有所不同，进而对自身的利益诉求也不尽相同。"需要的存在和满足，表明人的生命活动的存在和持续；需要的深化和扩展，表明人的生命活动水平的提高和范围的扩大；需要的萎缩和停止，表明人的生命活动的衰退或终止。"② 根据马斯洛的五个需要层次，即生理需要、安全需要、爱与归属的需要、尊重的需要、自我实现的需要，可以演绎出生存的需要、发展的需要、机会平等的需要、公平正义的需要、物质的需要、精神的需要等。当代中国法治对人的需要一视同仁，并对其予以同等保护，从原则上和制度上满足人在政治、经济、文化等各方面的利益需求，为实现人的生存权、发展权等提供物质和精神上的保障，从

---

① 《马克思恩格斯全集》第 39 卷，人民出版社，1956，第 189 页。
② 赵家祥：《马克思关于人的本质的三个界定》，《思想理论教育导刊》2005 年第 7 期，第 20～26 页。

而为大学生的全面发展提供基础和条件。

第二，法治蕴含着对大学生的尊重、对大学生个体尊重的精神力量。法治的价值核心是人的价值，人的尊严是法治应有的追求和精神，"尊严是每个人应当享有的权利，而且优先于国家法律所规定的所有权利。法治国家并不能为人提供尊严，但可保障人的尊严"。① 法治就是崇尚人格的平等独立，保障人的尊严权，实现人利益的最大化。

第三，法治全面而有效地保障大学生的权利。中国法治通过法律至上、法律面前人人平等，通过立法、守法、执法、监督等各个环节依法而治。即一方面通过法治化对公权力设置边界、限制公权力，将权力关进制度的笼子里；另一方面对社会成员及团体的正当、合理的权利和自由进行确认和保护，从而保证最广大人民群众的基本权利能够得到有效实现。

第三节　社会主义核心价值观为大学生主体权利生成提供文化环境

一　社会主义核心价值观内容的提出及意义

每一个时代都有自己的时代精神、时代价值。社会主义核心价值观是社会主义核心价值体系的高度凝练。党的十八大提出"倡导富强、民主、文明、和谐，倡导自由、平等、公正、法治，倡导爱国、敬业、诚信、友善"② 的社会主义核心价值观，描绘了国家价值内核、社会的价值追求以及13亿人的道德要求。《关于培育和践行社会主义核心价值观

---

① 柯卫、朱海波：《社会主义法治意识与人的现代化研究》，法律出版社，2010，第67页。
② 胡锦涛：《坚定不移沿着中国特色社会主义前进道路前进　为全面建成小康社会而奋斗》，人民出版社，2012，第31页。

的意见》进一步明确了社会主义核心价值观的内涵。社会的发展进步，不能靠单纯的经济发展、科技发展，更要注重使人们全面发展的良好的社会环境和价值取向。自由、平等、公正、法治作为社会层面的价值取向，指明了中国特色社会主义建设的目标、方向，也是大学生主体权利外在的动力之源。

社会主义核心价值观的提出适应当前高校思想政治工作的需要。2004年《中共中央、国务院关于进一步加强和改进大学生思想政治教育的意见》指出："学校教育坚持育人为本、德育为先，把人才培养作为根本任务。"[1] 习近平总书记在全国高校思想政治工作会议上发表重要讲话时强调："要坚持把立德树人作为中心环节，把思想政治工作贯穿教育教学全过程，实现全程育人、全方位育人，努力开创我国高等教育事业发展的新局面。"从"育人为本、德育为先"到"立德树人"的历史演进，高校思想政治工作的定位是培养社会主义的接班人与建设者。

社会主义核心价值观的提出，应对了外来价值观的影响。在世界经济全球化的国际环境下，外来文化、外来价值观也随之跟进。对外来文化、价值观的适度吸收和借鉴是正确的，完全否定是不可取的。但是，在借鉴和交流中，正如习近平总书记讲的，"不同民族、不同国家由于自然条件和发展历程的差异，形成的核心价值观也各有特点"。[2] 坚守社会主义核心价值观，就是同中华民族的历史文化，同中国人民进行的伟大社会主义实践和现阶段需要解决的时代问题相适应。

二　社会主义核心价值观中的"法治"为大学生主体权利创设特有的文化理念

法治中国与其说是提供政治层面的治国理政方式、制度层面的规范

---

① 《普通高校思想政治理论课文献选编（1949～2006）》，中国人民大学出版社，2007，第202页。
② 杨桂华：《习近平关于核心观的论述》，《学习时报》2014年11月24日。

体系，毋宁说社会主义核心价值观中的"法治"是社会层面的思想观念和价值取向。道路自信、制度自信和原则自信成就大学生主体权利自信的文化氛围。

习近平总书记指出："中国特色社会主义制度是中国特色社会主义法治体系的根本制度基础，是全面推进依法治国的根本制度保障。"① 而中国特色社会主义法治道路同中国特色社会主义制度具有的紧密联系，正是我国的法治道路区别于西方的"宪政民主"道路的根本所在。

坚持制度自信，发挥法治引领作用。法律制度与政治制度密不可分，法律制度必须与现实的社会制度有机统一，否则难以发挥"法治"应有的功能。任何国家的法律与政治制度都是上层建筑，并且由该社会的经济基础决定。中国特色社会主义经济制度是我国现阶段的公有制为主体，多种所有制经济共同发展；与之相应，中国特色社会主义政治制度，包括人民代表大会制度，中国共产党领导的多党合作和政治协商制度、民族区域自治制度以及基层群众自治制度等。中国特色社会主义法律体系，以宪法为核心，包括法律、行政法规、行政规章、地方法规规章。坚持中国特色社会主义制度，就是要把依法治国与政治制度、经济制度和法律体系有机结合起来，确保法治建设的社会主义性质，充分发挥法治的作用。

坚持中国共产党是法治的领导核心。中国共产党的领导是中国特色社会主义最本质的特征，也是社会主义法治最根本的保证，我国在完善中国特色社会主义法治道路的过程中，必须把党的领导贯彻到依法治国的全过程。我国宪法确立了中国共产党的领导地位，这是历史的选择，也是人民群众的选择。坚持党的领导，是党和国家的根本所在，只有坚持党的领导才能维护好全国各族人民的利益，带领全国各族人民走上幸福之路。党的性质和宗旨，党在国家各个方面总揽全局和领导核心的地

---

① 《中共中央关于全面推进依法治国若干重大问题的决定》，人民出版社，2014，第8页。

位，党自身的先进性和纯洁性，党顽强的凝聚力和应对敌人的战斗力，党组织的领导核心作用、广大共产党员的先锋模范作用，以及党组织所拥有的政治优势、组织优势、思想优势和密切联系群众的优势，所有这些决定了坚持中国特色社会主义法治道路，最根本的是坚持中国共产党的领导。

人民当家做主是法治的本质要求。坚持人民主体地位，就必须保证人民依法享有广泛的权利和自由。一方面，人民群众是国家的主人，人民通过人民代表大会立法，经过有序参与国家的政治、经济、文化和社会管理，表现自己管理国家的意志，体现主体地位。另一方面，法治是保障公民自身权利的重要环节，要让广大人民群众充分相信依靠法律、自觉运用法律，使遵法、守法、用法和护法成为信仰，使法律成为广大人民群众的行为规范、保障公民权利的武器。

以德治国与依法治国的有机统一。依法治国和以德治国相结合是全面推进依法治国必须把握的一个基本原则，是关系中国特色社会主义事业长远发展的根本大计，① 有利于充分发挥道德对法治精神的滋养、法治对道德的支撑作用，可以确保法律的规范作用和道德的教化作用相统一，进而实现法律和道德相辅相成、法治和德治相得益彰，从而不断提高国家治理体系和治理能力的现代化水平。十八届四中全会明确提出坚持依法治国与以德治国相结合的方针，依法治国与以德治国相结合符合我国基本国情要求，是中国特色社会主义法治建设的必然选择，推进社会主义法治建设应坚持依法治国与以德治国相结合，从坚持党的领导、实现执政风格的转变、形成良好的社会风气、强化选人用人标准、加强法治队伍建设等方面加以推进。习近平总书记进一步强调了"礼法合治"这个中华民族治国理政智慧的精华，坚持法治和德治的相结合是全

---

① 树刚：《坚持依法治国和以德治国相结合》，《人民日报》2014 年 11 月 24 日。

面推进依法治国的重要保证，实行法治和德治的相结合是正确解决改革发展重大问题的有效方法。

三 社会主义核心价值观中的"自由、平等、公正"为大学生主体权利生成造就文化土壤

自由、平等、公正、法治作为社会层面的价值取向，实际上指明中国特色社会主义应当是什么样的社会。人类是社会关系的联合体，人们实际生活中不仅有共同的利益追求，也有相同的价值取向。

自由是人类文明发展过程中人们不懈追求的共同成果，是社会主义的价值理想。自由是指个人在社会生活中所追求的能够使自身得到解放的一种状态。这种状态包括经济、政治、文化等外部条件，也包括个人身心发展、健康状态、思想观念等内在因素。正如马克思所言，未来社会应该是"每个人的自由发展是一切人的自由发展的条件"的"联合体"，[①] 是社会主义的理想价值和共产主义的价值本质。平等、公正是社会主义制度的根本前提和首要价值。社会主义的平等，是人与人之间没有高低贵贱之分，相互尊重、和平共处。每一个人都能平等地行使社会权利、履行社会义务，没有无权利的义务，也没有无义务的权利，进而平等地分享社会发展成果，实现在政治上平等参与、在经济上共同发展、在文化上平等享有。"公正"是人与社会和谐的价值标识，是社会主义的价值要求。在这样一个充满平等、自由、民主与法治的氛围中，大学生的各种利益诉求、精神诉求才能成为现实。

中国几千年的历史不得不让我们尊重一个事实，法治建设思想的形成与人治、德治并非毫无联系，而且法治思想本身有两次巨大的突破。第一次是以韩非子等法家为代表的以法治国思想，法治作为手段达到维护统治阶级的目的，它与现代依法治国思想有所不同，如果从时代背景

---

① 《马克思恩格斯选集》第 1 卷，人民出版社，2012，第 422 页。

来反思和挖掘，其也是有着巨大影响力的思想文化，是法治文化的传承与延续，为现代依法治国理念带来一定的滋养。1840 年第一次鸦片战争拉开了中国近代社会的序幕，后来以康有为、梁启超为代表的资产阶级改良派及其后继者立宪派极力主张"法治主义是今日救世的唯一主义"，以及"帝制非法""共和合法"的思想，这是法治观念的第二次突破，法治作为社会的基本共识得以存续。中华人民共和国成立以后，毛泽东主席相对于"法治"，更加认同中国古代"礼治""德治""人治"的传统，因此文革时期法制建设被全面破坏，法治观念和"公民在法律面前人人平等"的宪法原则遭到错误批判，但是，他亲自领导并参加起草的1954 年宪法，对我国现行宪法的制定有着深远的指导意义。十一届三中全会以后，邓小平同志在中央工作会议上首次完整地提出了"有法可依，有法必依，执法必严，违法必究"十六字方针，为依法治国理念的提出奠定了坚实的基础。我们应把依法治国放在自春秋战国以来中国法治的历史进程中，寻找其应有的位置，对其正当性进行说明，并追问其所为何来？欲将何往？诠释"法治"在治国理政中具有的决定性、全局性战略地位，深刻领会改革开放四十年的进程以及法治所独具的品格是可行的。在中国共产党"依法治国"思想的指导下，经历几代共产党人的努力，"依法治国"的思想在中国大地生根发芽、开花结果。

四　社会主义核心价值观影响大学生主体权利行为

大学生的权利行为可以表述为行使权利的行为、保护权利的行为和争取权利的行为。社会主义核心价值观"法治"文化也可以依此分法而论之。

第一，社会主义核心价值观"法治"文化影响大学生主体权利的行为。在一切社会生活中，大学生是否行使法律赋予的权利和自由，在很大程度上取决于他们的社会主义核心价值观"法治"的文化状况。如果

"法治"文化告诉他们,法治的目的就是保障大学生的正当权利,规范各级行政机关及其高校的管理行为,那么大学生就会对法治文化以及由此形成的法律制度、权利制度产生亲切之感,并且对相应权利拥有冲动与渴望,反之就是冷漠、不满和仇视。可见,大学生的权利评价取向和权利情感取向直接决定他们对权利行为的选择。

第二,社会主义核心价值观"法治"文化影响保护大学生权利的行为。保护权利生存,是权利生存的条件,试想不能得到保护的权利,除美丽动人之外,还有什么价值?一个社会不能有效保护现存权利体系,不仅会影响大学生行使权利的行为,而且还会动摇大学生对权利的尊重与信任。保护大学生权利的方法有很多,其中常规的方法是法律救济。在保护大学生的过程中,"法治"文化起着不可忽视的作用。如果大学生对于司法有所认识,有了习惯和素养,能明确大学生权利与义务的关系,并且善于用法律保护自己的合法权益,那么对大学生权利的侵害将会逐渐杜绝,上法庭诉讼学校,甚至诉讼老师不是大逆不道,而是在法治文化背后追求权利平等。

第三,社会主义核心价值观"法治"文化也影响着大学生争取权利的行为。争取权利的行为主要表现为参加一定的权利组织,通过权利性的集体组织,可以促进大学生权利的扩大和法律化与制度化。这些大学生争取权利的行为,必须有一定的权利文化作支撑。社会主义核心价值观赋予大学生自由、平等,赋予社会公平、法治,大学生可以通过自己的组织表达自己的诉求,并且用一定的集体力量抗衡其他行政权力、学术权力,养成大学生对人权、公民权的认同与尊重,养成大学生为争取、保护人权和权利而斗争的信念。因为它不仅关乎大学生作为特殊主体的存在价值,也关乎现代权利制度,特别是关乎大学生权利法律制度在教育治理体系中的良性运行和保障。

第四节 宪法权利为大学生主体权利
生成提供制度环境

《中华人民共和国宪法》序言中明确表述："一八四〇年以后，封建的中国逐渐变成半殖民地、半封建的国家。中国人民为国家独立、民族解放和民主自由进行了前仆后继的英勇奋斗。"① 追求"国家独立"意味着我们在全球治理中，为国家争取应有的权利；追求"民族解放"意味着我们在国际政治体系中，为民族争取应有的权利；"民族自由"意味着在国内政治体系中保障公民应有的权利。

大学生作为公民，享有宪法所规定的基本权利。宪法规定的相对应的基本权利成为大学生主体权利的保障。

一 宪法权利的内涵及特点

（一）宪法权利的内涵

公民的基本权利是作为一个国家公民所应该享有的最基本的、最重要的权利。这里的"权利"，一般而言，是指在一定法律关系中，为法规范所认可的、法律关系一方对另一方所享有的要求做出一定作为或不作为的一种资格。权利具有三个主要特征，即权利反映了主体之间的一种对等的法律关系；权利是由法律规范所认可的；权利是一种法律上的资格。在权利产生后的长期推演和发展中，其内容不断丰富，种类不断增多，进而形成了有机统一的整体——体系。在这个权利体系形成过程中，权利开始以一般权利的形态存在，这自然形成了初始权利观念和权利类型。当权利观念和权利类型发展到一定阶段后，在对应阶段被认为

---

① 《中华人民共和国宪法》，1982 年 12 月 4 日。

特别重要的权利，就必然被与其重要性相适应的法律规范形式予以确认和保障。随着权利观念和权利类型的进一步发展，各国一般都以宪法规范的形式对公民的基本权利予以确认，并加以保障。因此，一些国家把基本权利称为宪法权利，更准确地说是宪法所保障的权利。

（二）宪法权利的表现特征

对宪法权利的保障主要有"依据宪法的保障"方式和"依据法律保障"方式。"依据宪法的保障"方式是对宪法所规定的某些宪法权利，其他法律规范不能加以任意限制或规定例外的情形。这种方式在实际操作中，一般都实行具有实效性的违宪审查制度。通过这种制度机制，排除了其他法律规范对宪法权利所可能存在的凌驾于基本权利的内在制约，以及为宪法所不能接受的制约。这种保障方式由于是直接依据宪法规定并通过宪法自身的制度来实现的，所以被称为"依据宪法的保障"方式。"依据法律保障"方式是允许其他法律规范对宪法所规定的宪法权利加以直接有效的限制或客观上具备存在这种可能性的方式。采取这种方式，一般也是宪法自身的一种选择。所以有些宪法本身就规定或默示了对某些宪法权利可以进行限制。比如规定某种宪法权利"其内容由法律规定"，"在法律的限制之内"或"在法律的范围内"予以保障，"其例外依法律规定"，以及"非依据法律不得限制"等，这些都表明宪法自身选择了相对的保障方式。由此可见，这种保障方式表现在两个具体方面：其一是宪法权利的具体内容和保障方式均由普通法律加以规定；其二是对宪法权利的限制必须通过普通法律。这两个方面既可以互相分离，也可以互相结合。但是，由于这种保障方式是通过法律而不是通过宪法自身来实现对宪法权利的保障，所以也被称为"依据法律保障"方式。

宪法价值体系的核心是宪法权利的保障。尽管在宪法创设中有国家政治、经济制度及国家机构等方面的规范，但其终极的价值取向必然归结于维护、协调并实现宪法确认、保障的宪法权利这一核心目的。由于宪法主要调整个人与国家或公共权力之间的关系，以及国家或公共权力自身之间的关系，所以与普通法律所保障的一般法律权利不同，宪法所保障的宪法权利主要反映了个人与国家之间的关系，主要表现为个人相对于国家或公共权力的权利或权力。

我国宪法中的人权和基本权利。2004 年宪法修正以前，我国从《中国人民政治协商会议共同纲领》到历部宪法中所使用的都是"基本权利"这一概念，宪法文本中没有出现"人权""基本人权"这样的概念。其基本理由是"人权"这一概念是资产阶级的专利品，世界上并不存在抽象的人，人总是分为阶级的、地域的、国家的，也就不存在抽象的所谓的人的权利；公民所享有的权利是通过斗争而取得的，并不可能是与生俱来的。在这一认识和观念指导下，长期以来，我国在理论上对人权持排斥的态度。[1]

随着我国改革开放步伐的逐渐加大，作为我国社会进步的一个重要表现，我国公民的人权观念发生了巨大变化，在法律层面上的人权保障机制也得到进一步完善。我国现行宪法颁布于 1982 年，该宪法中关于公民基本权利的规定，与当时中国社会的政治、经济、社会发展状况相一致，但与我国目前的社会发展和对人权的认识存有一定差距。2004 年宪法修正案增设"国家尊重和保障人权"，在我国宪法上第一次引入了"人权"的概念。这表明了我国社会的进步和发展。我国宪法中规定了公民的一系列基本权利，但并没有囊括公民所应享有的所有的基本权利。2004 年宪法修正案中的"人权"术语，意味着我国宪法中所没有规定的公民所应享有的基本权利也在其列。

宪法权利的本身固有性。宪法权利通常是为实在的宪法所确认的权利，它的外在形式就是通过宪法规范这种形式对宪法权利的内容加以表

---

[1]　许崇德：《宪法》（第四版），中国人民大学出版社，2009，第 165 页。

述和规定。这样会产生一种宪法权利源于实在的宪法规范本身，即没有宪法的规定就没有宪法权利的假象。甚至有人认为宪法权利是君主恩赐予臣民的权利或是国家赋予公民的权利。上述均属于法律实证主义的观点。人的权利或宪法权利是上帝或某种造物主赋予人的并为人与生俱来的权利，这是属于自然法思想的"天赋人权"观点。我们不赞同上述两种观点，赞同马克思的表述，"'人权'不是天赋的，而是历史地产生的"。① 具体来说，人的宪法权利为保障自身生存和发展、为维护它作为人的尊严而享有，并沿着人类社会的历史过程而不断形成和发展。从终极价值看，其既不是造物主或君主赋予的，也不是国家或宪法赋予的，而是人所以为人所固有的，同时需要宪法所确认和保障，因此，宪法权利有着固有性和宪法确认保障性相互统一的特征。

二　宪法自由的保障促成大学生主体权利生成的价值归宿

百度百科对一般意义上的自由是这样表述的：自由（freedom/liberty）是一个政治哲学（political philosophy）概念，在此条件下人类可以自我支配，凭借自由意志而行动，并为自身的行为负责。学术上存在对自由概念的不同见解，并且在对个人与社会的关系认识上有所不同。自由的最基本含义是不受限制和阻碍（束缚、控制、强迫或强制），或者限制或阻碍不存在。"自由"在中国古文里的意思是"由于自己"，不是由于外力，是自己做主。在拉丁语中，"自由"指的是从束缚中解放出来，或者说是一种不受约束的状态。在罗马法中，自由（权）的定义是："凡得以实现其意志之权力而不为法律所禁止者是为自由。"近代以来这一自由观念逐渐被分化为二：其一，"消极自由"就是不受他人的干预和限制；其二，"积极自由"就是"自己依赖自己，自己决定自己"。

首先，就自由的含义来说，自由是人的基本属性，是人的主体性的

---

① 《马克思恩格斯全集》第 2 卷，人民出版社，1957，第 189 页。

展现。没有自由，人就不是主体。即使物质待遇十分丰厚，如果否定了意志自由，否定了人的自主，他仍然是物质的奴役者。其次，自由是人发挥主观能动性的表现。人都要谋求自我生存和发展，都拥有生存和发展的自我意识。人在生存和发展中离不开人自我的主观能动性的存在和发挥。人的自由，一定道理上讲就是人的自我意识的现实化。最后，自由是人类发展的助动力。对自由的追求，以及社会自由程度的提高，是人们奋进的动力和目标之一。

正因如此，马克思、恩格斯在《共产党宣言》中明确表达："代替那存在着阶级和阶级对立的资产阶级旧社会的，将是这样一个联合体，在那里，每个人的自由发展是一切人的自由发展的条件。"① 对自由的追求构成了马克思主义理论的重要内容和马克思主义法学的重要目标。

三　宪法、法律形成大学生主体权利生成自由的圣地

自由广泛地存在于社会生活的各个领域，各学科对其理解有所不同。在哲学上，自由的含义是对必然的认识和支配。在政治学和社会学上，自由是人与人之间、人与社会组织和政治组织之间的关系的一种状态。在法学上，自由是人的行为与法律的关系。在法律调整意义上，人们的政治自由以及社会生活中的各种自由获得了法律的保障，"在这些规范中自由获得了一种与个人无关的、理论的、不取决于个别人的任性的存在"。因此，法律上自由的含义可以表达为自由是法律上的权利，其边界就是不能从事法律所禁止的行为。孟德斯鸠在《论法的精神》中写道："在一个有法律的社会里，自由仅仅是一个人能够做他应该做的事情……自由是做法律所许可的一切事情的权利；如果一个公民能够做法律所禁止的事情，他就不再有自由了。"②

---

① 《马克思恩格斯选集》第1卷，人民出版社，1995，第291页。
② 〔法〕孟德斯鸠：《论法的精神》（上册），商务印书馆，1961，第154页。

在人类追求自由的过程中，自由的享有一直都与社会规则相关，这些规则包括禁忌、习惯、道德、教规、法律等。在社会管理主要规则以法律主导的情况下，法律与自由的联系将更加紧密，更具有价值。

自由需要法律的确认和保障，自由需要法律排除人们之间的相互强制与侵害，自由需要法律排除主体自身对自由的滥用。同时，自由实现的条件需要法律确认和保障。自由的实现需要条件，包括物质条件和社会人际条件。这些条件的稳定性需要法律来保障。

四　我国宪法权利与自由规定成为大学生主体权利生成的内容保障

平等权。它是指公民依法平等地享有权利，不受任何不合理的差别对待，要求国家给予同等保护的权利。它是公民的一项基本权利，是实现其他一切权利的前提条件。具体表述为：公民平等地享有宪法和法律规定的权利，平等地履行宪法和法律规定的义务；任何人的合法权利都平等地受到保护，对违法行为一律依法予以追究；在法律面前，任何公民不得享有法律以外的特权。平等权为大学生根据能力享有受教育机会及过程和结果的平等提供了依据。

政治权利与自由。它是指公民作为国家政治主体而依法享有的参加国家政治生活的权利和自由。公民享有参与国家政治生活方面的权利，是国家权力属于人民的直接表现，也是人民代表大会制度的基础。具体表现为：选举权和被选举权，是人民参与国家管理的一项最基本的政治权利。我国宪法规定，中华人民共和国年满 18 周岁的公民，不分民族、种族、性别、职业、家庭出身、宗教信仰、教育程度、财产状况、居住期限，都有选举权和被选举权；但是依照法律被剥夺政治权利的人除外。政治自由，是公民表达自己政治意愿的自由，是近代民主政治的基础，是公民表达个人见解和意愿，参与正常社会活动和国家管理的一项基本权利。根据宪法规定，公民享有言论、出版、集会、结社、游行、示威的自由的权利。这一基本权利为大学生的应有权利提供了基础。

监督权和获得赔偿权。它是指公民监督国家机关及其工作人员活动的权利。我国宪法规定，公民对于任何国家机关和国家工作人员，有提出批评和建议的权利；对于任何国家机关和国家工作人员的违法失职行为，有向有关国家机关提出申诉、控告或者检举的权利，但是不得捏造或者歪曲事实进行诬告陷害。公民因国家机关和国家工作人员侵犯所遭受的损失，有依照法律规定取得赔偿的权利。

人身自由权。它是公民得以行使其他各种权利的基本前提。我国宪法规定，任何公民，非经人民检察院批准或者决定或者人民法院决定，并由公安机关执行，不受逮捕。禁止非法拘禁和以其他方法非法剥夺或者限制公民的人身自由，禁止非法搜查公民的身体。公民拥有人格尊严不受侵犯的权利。禁止用任何方法对公民进行侮辱、诽谤和诬告陷害。住宅不受侵犯的权利。禁止非法搜查或者非法侵入公民的住宅。通信自由和通信秘密受法律的保护的权利。除因国家安全或者追查刑事犯罪的需要，由公安机关或者检察机关依照法律规定的程序对通信进行检查外，任何组织或者个人不得以任何理由侵犯公民的通信自由和通信秘密。

社会经济与文化教育权利。社会经济权利是指公民依照宪法规定享有的物质经济利益的权利。文化教育权利是指公民依照宪法规定，在教育和文化领域享有的权利，除财产权外，社会经济与文化教育权利都属于公民的积极受益权，也包括劳动的权利。国家通过各种途径，创造劳动就业条件，加强劳动保护，改善劳动条件，并在发展生产的基础上提高劳动报酬和福利待遇。国家对就业前的公民进行必要的劳动就业训练，以保障公民劳动的权利。受教育的权利。中华人民共和国公民有受教育的权利和义务，国家培养青年、少年、儿童在品德、智力、体质等方面全面发展。进行科学研究、文学艺术创作和其他文化活动自由的权利。

国家对于从事教育、科学、技术、文学、艺术和其他文化事业的公民的有益于人民的创造性工作，给予鼓励和帮助。

五　宪法权利与自由的关系

我国宪法除了规定上述宪法权利和自由之外，在第51条又规定："中华人民共和国公民在行使自由和权利的时候，不得损害国家的、社会的、集体的利益和其他公民的合法的自由和权利。"这是宪法权利与自由适用时处理个人与国家、个人与社会、个人与个人之间关系的重要原则和界限。

从我国宪法目录看，只规定了公民的宪法权利与义务，并没有规定公民的自由。而在公民基本权利与义务一章之中，多处出现"自由"一词，如基本政治自由、宗教自由、人身自由等。从表述和立法意义上看，公民的宪法权利与自由是有重叠的，或者说是一个事物的不同表达方式。

从形式上看，它是对公民宪法权利与自由的限制，但其目的是为了保障公民的宪法权利与自由。因为第51条已经表明限制的目的是为了国家安全、公共利益、他人的合法权利和自由。这些构成了限制的理由。既然限制公民宪法权利的目的是为了保障公民的权利与自由，那就需要国家和政府把握好限制的"度"，实施的限制措施必须是"为保障而限制"，而不是"为限制而限制"。如何把握好限制的"度"呢？要搞清以下三点：第一，限制的主体。只有全国人大及其常委会才能以"法律"的形式加以限制，其他任何机关不能以其他"文件"的形式限制公民的宪法基本权利。第二，限制的限度是"比例原则"，即最小限制原则，避免限制有悖于目的。限制过度，等于剥夺公民的宪法权利，而不是"为保障而限制"。第三，对基本权利的限制是否适当，是否违背宪法精神，如果发生争议，需要合宪性审查机关进行审查。我国合宪性审查的主体是全国人大及其常委会。

自由是法律的目的之一，法学家们也早已认同。洛克认为："法律的目的不是废除或限制自由，而是保护和扩大自由。"① 法律以自由为目的，目的是保护和扩大自由，而不是限制自由。自由需要法律来保障，通过法律尤其是宪法设定的公民宪法权利来保障公民的自由。同时，要保证自由不被侵犯，就必须通过设定宪法权利的方式来界定自由的范围及边界。这样可以通过设定宪法权利保障公民行使自己自由的时候不去侵犯他人的自由；也可以使我们在他人行使自由时，如果侵犯到自己的自由，能够勇于拿起宪法所赋予的宪法权利与之抗争。

不同种类的自由之间也有可能发生冲突而导致自由难以实现。"在自由发生冲突而难以调和时，可通过宪法设定公民的宪法权利与义务的方式来为自由间冲突的解决提供最佳解决机制。"② 同时宪法权利的设定也是为了防止自由有被滥用的可能。如果公民滥用自由，则会妨碍其他公民行使自由。任何自由都是以无害于他人、无害于其他自由为前提条件的。因此，宪法通过设定宪法权利来指导公民在行使自由权利时要在既定的框架内进行。③

总之，诚如密尔所言："一个社会不论其政府的形态为何，若不能尊重人民的基本权利，则不能称为一个自由的社会。"④ 在一个有法律的社会中，权利总是与自由相联系的，公民的宪法权利与自由的关系十分密切，对公民宪法权利作出详细规定是为了保护和扩大自由的范围；同时，对公民的宪法权利作出限制，也是为了防止部分人在行使自由时侵犯其他人的自由，其最终目的也是为了获得最大的自由。由此，宪法权利构成大学生主体权利的脊梁。

① 〔英〕洛克：《政府论》（下篇），商务印书馆，1983，第 14 页。
② 刁翔宇：《论公民的基本权利与自由的关系》，《法制博览》2016 年第 10 期，第 10 页。
③ 刁翔宇：《论公民的基本权利与自由的关系》，《法制博览》2016 年第 10 期，第 11 页。
④ 刘幸义：《多元价值、宽容与法律——亚图·考夫曼教授纪念集》，五南图书出版公司，2004，第 102 页。

第四章

大学生主体权利生成的内在逻辑

大学生主体权利生成的内在逻辑就是指以人的主体性为基点，以教育正义为原则，阐述大学生作为特殊主体所应享有的应有权利（道德权利）、法定权利（受教育权和体育权）和现实权利的内容及三者间的关系、属性，并逐步掌握它们的规律性，把握权利的本质，调动大学生的积极性、主动性、创造性，实现其主体地位，进而内化为大学生价值与尊严的普遍理性力量。

第一节　大学生主体权利生成的
内在逻辑基点及原则

一　人的主体性是大学生主体权利内在逻辑生成的基点

大学生主体权利的内在逻辑指人的自然之性与社会之性所决定的人的需要，以及由这种需要所导向的意志支配的选择行为，是马克思人的全面发展理论的本质反映。根据高清海教授人的双重生命观，"即自在的物种生命是人和动物共同具有的生命形式，类生命是人所特有的生命形式，是通过实践活动创造生成的生命形式。与人的双重生命相对应，人的本性也是双重的，即人的群体本性和类本性。群体本性是人的物种本性，它是生命直接的聚合，是一种外在的联系；人的类本性是人自我创造生成的本性，是人内在的、本质的交流、融合，它是群体本性的升华，是对群体本性的否定之否定。辩证地看待人的本性就是要把它看作是双重本性的统一体"。①

"自由"是马克思权利思想的内涵，他曾经说过："自由确实是人所固有的东西"，"自由是全部精神存在的类的本质"，它不是"脱离定在的自由"，而是"定在中的自由"。② 也就是说人的自由自觉活动的特性是人脱离了自然界而跨入社会所取得的伟大成就，归根到底是由人的生存条件的特殊性决定的。作为 20 世纪 80 年代以来马克思主义哲学改革和哲学观念变革的最有力的推动者，高清海教授认为，人能够从事改造对象的实践活动，通过实践活动创造对象世界，在创造对象世界的活动中同时创造了人本身，人是人自己活动的支配者，是人们建立属人世界的主宰。这是人作为主体的最基本的本质，即"自由自觉活动"。

人的"自由自觉活动"首先必须具有认识社会、改造社会的能力。这种能力是人的自由的基本前提，没有能力，自由无从谈起。但是，能力不等于自由本身，随着科学技术的发展，人征服自然、改造自然的能力越来越强，这种自然之力转化为现实自由不是决定于人自我力量的大小，而是决定于社会能够为这种能力提供多少条件。人要使自己的能力成为自由，必须要有实现自己能力的权利。权利是自由实现的、必要的外部条件，是自由的定在。③ 所以，法治社会不可能超越现实的可能性去发展自由，同样，也不可能把人的自由滞后于社会发展，使主体本应获得的权利丧失。

---

① 高清海、张海东：《社会国家化与国家社会化——从人的本性看国家与社会的关系》，《社会科学战线》2003 年第 1 期，第 78 页。
② 《马克思恩格斯全集》第 1 卷，人民出版社，1956，第 63～67 页。
③ 程燎原、王人博：《权利论》，广西师范大学出版社，2014，第 51 页。

因此，"自由自觉活动"内在性限度或范围的表现就是权利。

大学生主体权利来源于大学生的需要，大学生的需要是一个体系，它由各种特殊的需要所构成，每一个特殊需要又由许多方面和环节构成。在高等教育普及进程加快，依法治教、依法治校推进的过程中，人与人、人与学校、人与社会的关系越来越复杂、明晰，大学生意识到作为个体必须首先占有和支配自我的利益，而非与其他个体怎样彼此帮助才能满足需要，我与其他个体的关系可能因利益冲突而相互排斥，于是导致了不同个体的不同行为。在利益的挣扎中，为了保证自我利益的满足，人们会要求社会为其利益的实现和满足提供可能性条件，从而使其自身行为"合法化"，由此，原来彼此领导与被领导、管理与被管理的教育行政关系转为了具有利益关系的权利义务关系。

权利产生的直接原因是利益冲突，这一冲突能够使人的满足需要行为与满足需要的社会客观可能性条件联系起来。但是，并非一切利益冲突都能指向权利，经过大学生这个利益主体选择后由社会认可的利益要求才能成为权利。因此，大学生主体的选择行为也是利益诉求转化为权利的重要环节。在实际学习生活中，大学生的利益需要的满足，无论是自然性需要还是社会性需要，都要经过行为的选择过程，大学生的这种选择在满足自身需要的同时，还要考虑社会能否允许和提供，只有既个人需要，社会又能提供的才是权利。权利的形成过程同时也是主体的选择过程。社会对某一行为方式的认可并承认其权利，也是一种选择过程。

综上所述，尊重大学生的地位和作用，能够激发大学生的活力和创造精神，是大学生的自然之性与社会之性所决定的人的需要，而与这种需要所导向的由意志自由支配的选择行为，是大学生主体权利生成的最重要基点。

二 教育正义是大学生主体权利内在逻辑生成的基本原则

纵观大学生权利研究的现实背景和理论基础，在教育多元治理框架下，构建以受教育权为核心，以道德权利为目标的权利体系，是教育正义原则的本质要求。

教育正义原则解读。正义原则贯穿于人类历史和人的社会生活的始终，每个时代所理解和追求的正义都是不同的。教育正义是正义原则在教育过程的体现，是教育理论与现实中最为重要的价值理念，"在价值位阶上远远高于教育平等、公平、公正，是一种终极性的价值判断"。教育正义可被界定为以促进个性自由全面发展为目的，能够调节人与人之间教育关系的价值规范。这种从关系正义视角的切入，可以解决非正义现象的问题，也对教育平等、公平、公正等价值理念体现了包容性与超越性。

教育正义原则支配下的权利体系构建。教育正义是对教育平等、公平、公正的升华。大学生的培养过程是一种社会实践活动，不仅涉及宏观层面的制度安排，还关注着微观领域的教育活动、教育关系。传统教育平等、公平、公正原则强调的是权利、义务、资源的分配，而涉及道德伦理的领域就远不是这些原则所能调整的。教育正义追逐的是关系正义，突出教育的特殊性，通过制度建设和伦理实践的方式来实现。制度建设包括教育法律、教育政策和一般法律，具有刚性特点；伦理实践主要指受教育者与学校、教师和家长在微观领域作调适，具有柔性特点。刚柔相济可实现教育过程的科学化。

大学生在学校期间享有政治、经济和文化等一系列权利，其中受教育权贯穿教育过程始终，大学生受教育权体系完善是教育正义制度层面建设的关键。一般认为，大学生的受教育权包括自由权、请求权和诉权。自由权可以理解为受教育的选择权、参加学习的权利、组织结社权和职业自主选择权；请求权可以理解为入学机会公平权、教学设施提供权、教学质量保障权和获得公正评价权；诉权可以理解为监督权、申诉权和起诉权。这些受教育权利包括宪法层次、行政法层次以及民法层次。宪法层次法律关系的实质就是大学生权利和国家权力的关系，大学生受教育权法律关系不依赖于其他法律关系，具有基本性、根本性的特点，决定和制约着其他层次的大学生受教育权法律关系。行政法层次法律关系的实质是大学生权利和作为行政主体的高校行政权力或公共权力间的关系，高校是实现大学生受教育权的保障者。民法层次的法律关系是等价有偿，国家没有当然的义务保证受教育权的实现。在没有具体义务限制的条件下，道德义务将发挥作用，道德义务对应的就是道德权利。大学生道德权利的提出是教育正义伦理实践层面的保障。公民的道德权利包含两个方面，一方面是公民对个人行为的权利，另一方面是公民对公共道德的权利。大学生道德权利就是大学生这一主体在受教育过程中对个人行为和公共道德的内在要求权，这种要求权相对于法律权利来说具有宽泛性、不确定性、相对性和优先性。对于接受教育的大学生来说，包括道德行为选择自由权、道德主体的被尊重权、道德行为公正评价权和道德请求报答权。随着时代的进步，国家可以把一定的道德理念和道德规范所赋予的某些道德权利，通过立法程序上升为国家意志，实现道德权利的法律化；也有一些道德权利不能被法律化，只能保持人内心的物化状态。大学生道德权利是通过道德理想、道德信念、道德舆论和他人道德义务的履行来实现的，道德权利的实现是人们追求的最高境界。①

第二节　大学生主体权利的内容

一　大学生的道德权利

大学生道德权利是指大学生这一特殊群体在道德层面所应享有的道

---

① 张振芝：《基于培养过程的大学生权利体系构建》，《中国高等教育》2015 年第 13 期，第 53～54 页。

德自由、利益和对待，在权利形态成为应有权利，尚未为法律确认为法定权利，而实际上构成法定权利的价值原则与基础的合乎道德性的权利。主要表现为如下几方面。

道德行为选择自由权。道德与其他社会现象具有差异性，它不同于法律的强制性，道德领域内的人是自由活动的，人们的行为具有较大的自律性，道德领域是人们将内化的道德情感外化为自觉行动的领域。人作为道德关系中的主体意志是自由的，具有能动性和主动性，从而在道德生活中，行为选择的自由权"意味着行为主体有权在不同的道德价值之间、在对立的价值准则之间作出取舍，这是人的自由自觉的活动，任何人不得干预"。① 大学生的道德行为选择自由权，即大学生不屈从于外界的压力，不按照别人指定的方式生活，而是根据自己的需要、想法和理想，按照自己的意愿和想法，选择自己的生活方式、行为方式，来造就自己的德性和价值，如兴趣爱好、人际交往、恋爱结婚、职业角色、人生志向等。"在底线伦理之上，大学生在不同的道德价值之间作出取舍，这是人的自由自觉的活动，任何人不得干预。"2005 年颁布的《普通高等学校学生管理规定》中取消了一些涉及学生婚恋的强制性规定，对学生能否结婚不再作特殊规定。②

道德主体的被尊重权。道德主体的被尊重权指道德主体在道德关系中所处的地位、尊严，所受到的对待及尊重。大学生作为平等和独立的道德主体，有着作为人的人格和尊严，应当受到他人和社会的尊重，这种道德角色能否得到社会认可，不仅关系到大学生道德利益问题能否实现，而且关系到他们合法权利的实现。如在师生关系中便存在相互尊重的道德权利，学生有自己的人格尊严，老师要教而不厌，诲而不倦，尊

---

① 李建华、周蓉：《道德权利与公民道德建设》，《伦理学研究》2002 年第 1 期，第 13 页。
② 张振芝：《大学生道德权利与道德义务及社会公正的关系研究》，《高等农业教育》2014 年第 12 期，第 49 页。

重学生的权利；老师也有受到尊重的权利，学生应尊重老师的辛勤劳动，对老师的教诲要虚心接受。有人提出"好人人权论"，若将这种理论运用于高校道德教育中便是"好学生人权论"，也就是那些学习好的学生享有种种权利，受到老师的偏爱，而"坏学生"则经常受到老师的忽视，一个不懂得尊重学生权利和尊严的高校教育肯定不是成功的，是亟须进行改革的。① 近年来，一些地方专门立法以保障学生的人格尊严，如"山东将高考成绩视为学生个人隐私，省教育厅和省考试院拟采取措施保护考生的个人隐私，除通知考生本人和相关录取单位外，不得将考生成绩等信息提供给任何非相关单位和个人"。②

道德行为公正评价权。道德主体有权要求他人及社会对自己的道德行为作出客观、公正的评价。道德主体履行道德义务不以获得某种权利为条件，而是出于一种自觉自愿的奉献精神，社会及他人应对道德主体的这种精神给予肯定。权利不行使并不代表没有权利，道德主体有要求得到公正评价的权利及赢得社会的认可。道德主体由于自己的高尚道德行为得到了社会的公正评价，就会产生一种愉快感、崇高感、满足感，将会激励道德主体继续做出高尚的道德行为，这不仅是道德个体的事，还会对其让他社会成员形成一种带动作用。如果道德主体履行道德义务并未得到社会及他人的认可，容易造成道德权利与道德义务的相分离，很难达到余涌先生所提出的"道德应当使长远功利最大化"的目的。对道德行为的公正评价不仅可以依靠精神奖励，如新闻宣传、授予荣誉称号等，还可以给予适当的物质奖励。有人认为，给予物质奖励会使道德动因受到质疑、高尚行为变质，"对道德动因的过分苛求，会削减主体

① 张振芝：《大学生道德权利与道德义务及社会公正的关系研究》，《高等农业教育》2014年第12期，第50页。

② 温涛、王荣华：《山东拟将高考成绩视为学生个人隐私不得公布》，《齐鲁晚报》2008年1月17日。

实施道德行为的勇气和积极性，从而使全体公众都应践行的道德内容成为曲高和寡的少数人的专利"。① 道德规范和要求同样是以社会经济为基础的，事实证明这种道德行为主体善行的崇高并不会因物质奖励而降低，因此这并不是否认这种评价方式的理由。《教育法》第四十二条第三项规定，受教育者享有："在学业成绩和品行上获得公正评价，完成规定的学业后获得相应的学业证书、学位证书的权利"。②

请求报答权。请求报答权指道德权利人具有要求得到回报的权利。这种权利适用于这种情况，如"甲见义勇为，帮助了处于困境中的乙，由于道德权利与道德义务的特殊相关性，我们并不能说乙就有权利要求甲对其履行行善的义务。然而，如果乙在此之前，在类似的境况下曾经帮助过甲，那么他就有要求甲对其履行行善义务的权利。一般情况下，对于行善的人来说，他在履行了道德义务之后，可能产生主张道德权利的要求"。③ 不管道德权利人有无要求，社会公众尤其受益人都应给予他精神或物质的鼓励作为回报，不应推卸自己的道德义务，回报的程度应以受益程度和受益人的能力为限。政府、社会组织可以利用政策法规、舆论宣传、公益活动等方式，形成"人人为我，我为人人"的社会道德风气，有效保护道德权利人的受回报权。"密尔曾经指出，施惠的人在需要救助时希望得到受惠人的报答，这是人的'最自然'和'最合理'的期望之一，如果受惠人不予报答，那等于是对施惠者的侵害，是一种很不道德的行为，也会使施惠的行为变得少见。"④ "维护道德权利人的请求报答权，可以使人们看到社会善恶因果的公正性，从而提高公民的

---

① 彭怀祖：《当前道德动因纯粹化与变动性的审思》，《道德与文明》2013 年第 4 期，第 36 ~ 40 页。

② 张振芝：《大学生道德权利与道德义务及社会公正的关系研究》，《高等农业教育》2014 年第 12 期，第 49 页。

③ 李建华、周蓉：《道德权利与公民道德建设》，《伦理学研究》2002 年第 1 期，第 16 ~ 18 页。

④ 李建华、周蓉：《道德权利与公民道德建设》，《伦理学研究》2002 年第 1 期，第 19 ~ 20 页。

社会道德责任感。"①

二　大学生的受教育权利

大学生受教育权利包括受教育机会权、受教育过程权和受教育结果权。大众化时代我们主要探讨大学生受教育过程权，其主要表现为：知情权、选择权、科学研究权、理论创新权。

（一）大学生的知情权

知情权利是受教育过程的基础权利，它是指知悉、获取教育过程信息的自由与权利，包括从校方或从非校方获得相关信息的权利。狭义知情权仅指知悉、获取校方信息的自由与权利。随着知情权外延的不断扩展，知情权兼具公法权利和民事权利的属性，特别是关于学生自身信息的权利，是大学生作为民事主体所必须享有的人格权的一部分。从学生角度考虑知情权是指学生有权利获取知识，同时获取知识的过程是自由的，不受约束。从理论知识方面讲，学校学生获取知识是应享有的受教育权，所以学生有了解知识的权利，对具体的理论概念和深层次的含义有权利让教育者作出解答。与此同时，教育者也有义务对其作出正确详尽的解释。学生在学校接受知识的直接传输者是教师，即学生也对教师享有知情的权利，如对教师的个人素质、理论素养、教学能力等方面都有知晓具体情况的权利。从学校角度讲，学生也具有对学校具体情况了解的权利，如学校的教学公共设施、教学资源、教学规模、教学资质等的具体情况。只有了解了学校的具体情况才能让学生作出更好的选择。尤其大学是学生和家长的选择，只有对这些情况有了了解才能进一步作出完善的选择，为学生的发展作出更进一步的考量，而学校也有责任和义务为学生提供真实的信息，这是对学生负责任的态度和表现，也是对

---

① 张振芝：《大学生道德权利与道德义务及社会公正的关系研究》，《高等农业教育》2014 年第 12 期，第 49 页。

学生的尊重。

（二）大学生的选择权

选择权是受教育过程的关键性权利，它是指学生自主选择的权利。选择即是主体根据主观的愿望作出判断和筛选，完成自身的目标。学生是接受教育的主体，因而主体的选择是学生增强学习的重要途径。

选择课程的权利。它是指在受教育过程中对所学专业相关课程群、承担课程的教师、学习进度、学习渠道以及考核方式等选择的权利。精英时代，大学生享有的是特权，他们消极的、被动的接受教育过程，不仅受制于客观的物质条件，而且主观上也是情愿的，因为教育结果与自身的利益诉求不矛盾。高等教育普及化的到来，大学教育不是稀缺资源，大学生这一公共产品与市场的对接也出现问题，人们对大学教育质量的要求就越来越高。互联网的广泛应用，使课程的国际化、优质化、效率化明显展现，大学生积极的、主动的选择权已成为必要和现实，选择权将成为教育过程中承认与保护的核心权利。

选择教师的权利。现代的高等学校都设置选择课程这项内容。那么，选择老师又是学生作出最终抉择的重要依据。学生选择课程有很大一部分原因取决于对教师的期望、喜爱、崇敬。选择一门自己喜爱的课程，选择自己敬仰的教师是高校学生的一项基本权利。同时，在提高自身智育发展方面最初这样合理的选择也是学生对自己学业负责的重要表现。因此，学校要做到尊重学生选择教师的权利，不作干涉，让学生有一个和谐、开放、自由发展的成长环境是当今高校的职责所在，更是学生与家长的众望所归。

选择授课方式的权利。大学课堂的授课与中小学的授课是有所区别的。这也是由学生的年龄阶段和心理特点所决定的。大学课堂是较为宽松的，这主要体现在教师的轻松开放式教学方式上，因此学生的课堂也并非仅仅局限在单纯的教师讲授，学生在接受这样的传统教学模式的基础上，还可以通过实验、参观、讨论、实践的课程方式进行学习。这类教学方式也并非全部是教师和学校的主观安排，学校要尊重学生的选择，听取学生的意见和建议。毕竟学生是这项内容的直接受益者和参与者，这也是保证学生选择权利的重要内容。把选择交给学生，让学生作出判断，进而可体现教学的灵活化、自主化、开放化。因为学校和教师及学生的最终目标都是为了让学生达到既定的目标，让学生获得更好的全方位发展。

选择考核方式的权利。学校对学生的考核是为了测评学生阶段性学习的成效。通过教师和学校作出的评估，进而调整教学方案，改进教学方法，提升教学技能，做到及时发现问题、分析问题、解决问题。考核的直接对象是学生，所以学生在考核中处于主人翁的地位。既然是主人翁，学生就要行使自身的权利，任何教师个人即非学生个人主体都不能以任何身份、任何理由剥夺学生接受考核的权利。同时，考核的内容要紧紧围绕教学内容，教师要负责任出题，重视考核内容、考核结果，严格按照考核标准进行。学生要及时监督教师的教学，提出建议和意见，用手中的合法权利维护自身的正当利益。

（三）大学生的科学研究与理论创新权

所谓科学研究权是指科学研究者在科学研究中所具有的研究什么、怎样研究以及为什么研究的权利。研究什么，即把什么问题作为自己的研究课题；怎样研究，即选择什么方式和方法进行研究；为什么研究，即出于什么目的进行研究。从某种意义上说，研究权是一种选择权，它是研究者应当享有的一项最基本的权利。如果研究者不具有此项权利，那么，研究者就根本不能从事任何一项研究。应当说，任何社会矛盾和问题都应当是可以研究的，任何方式和方法都是可以采用的，任何研究动机和目的都是可以持有的（其实也是无法限定的），承认研究者的研究权，就不能为研究者划定什么问题可以研究什么问题不能研究、什么方法可以采用什么方法不能采用、什么目的可以持有什么目的不可以持有。学术无禁区，其内涵就是研究的对象、方法、目的没有禁区。

明确和确认大学生的研究权，对于推动科学的发展具有深远意义。如果大学生的研究权得到充分的认同和有力的保障，大学生主观能动性就会调动起来，解放思想，轻装上阵，就会把兴趣、情感与现实热点、难点，甚者炙手可热的问题融为一体，并且列入自己的视线范围，运用一切可能使用的方式方法进行研究论证，这样，期待已久的多领域、多层次、多方法的繁荣科学研究局面就会出现。①

理论创新权是大学生在科学研究中所应享有的根据自己对所学对象的认识，独立进行判断并作出新的认识结论的权利。创新权中的"创新"至少应包括三种情形：第一，原始创新，即最先提出某种问题或某种理论，这种问题或理论有的在科学发展史上具有里程碑意义或产生一定影响，如马克思主义创始人创立的历史唯物主义学说，使人类对自己历史的认识第一次站在了科学的高度。第二，纠偏创新，即对原有的错误认识进行拨乱反正，使认识重新回到正确的轨道，如邓小平创立的中国特色社会主义理论，纠正了人们对社会主义的不正确认识（如社会主义不能搞市场经济），使社会主义理论沿着正确方向又迈出了新的步伐。第三，生长创新，即在前人正确认识的基础上又进行了深入的研究并提出了新的观点，使原有的理论得到了进一步的丰富和发展，如习近平总书记"四个全面、五大发展、从严治党"重要思想的提出，使中国共产党科学执政的理论更加全面和深入。创新权对于社会科学研究来说，是一项带有根本意义的自由权利。创新是民族的灵魂，是哲学社会科学发展的不竭动力。创新权相对于"研究权"而言，更具有实质意义，因为研究权只解决了一个进行研究的前提问题（即可以研究的问题），而科学的研究不是有了"可以"研究就能够发展的，科学的发展不仅需要

① 张振芝：《高校社科研究者权利保障研究》，《中国高校科技》2014 年第 4 期，第 17～21 页。

"可以"研究，更在于研究者要在"可以"的研究中创造出新的研究成果。如果只是允许研究，但不允许有自己独立的见解，那么，这种研究于科学的发展又有何益处呢？我们说科学无禁区，其实主要是指创造新的思想没有禁区，如果我们不是这样去理解科学无禁区，那么，说"科学无禁区"还有什么实质性意义呢？纵观科学发展的历史，我们不难发现，科学领域每一项重大成果的取得，无不是研究者根据自己的分析判断而在实践基础上作出的突破和创新。[1]

（四）大学生表达自由的权利

表达自由的权利是指宪法所规定的言论、出版、集会、结社自由。我国宪法第三十五条明文规定："中华人民共和国公民有言论、出版、集会、结社、游行、示威的自由。"新修订的《普通高校学生管理条例》第六条第五款也明示了大学生的表达权。表达自由是民主社会公民享有的基本权利，学校是各种不同意见、不同思想传播的最佳场所，大学生不仅汲取各种思想营养，全面发展，还要在不违反国家利益、民族利益，遵守学校公共秩序的基础上，通过报刊、媒体倾诉自己的心声，表达各种诉求。正如马克思所言，"自由的首要条件是自我认识，而自我认识又不能离开自白"。[2]

言论自由是指"有什么言，出什么言，发什么论"的权利，它是我国宪法明确保护的基本权利。大学生言论自由应该包含两层意思：第一，百花齐放，百家争鸣。正如习近平总书记所言："我们既要立足本国实际，又要开门搞研究。"立足实际就是不唯上、不唯人、不唯书，只唯中国发展的客观实际探讨问题，这是马克思主义自由的本质——实践的客观要求；开门研究就是注意吸收借鉴，但不能把一种理论观点和学术成果当成"唯一准则"，不能企图用一种模式来改造整个世界。第二，

---

① 张振芝：《高校社科研究者权利保障研究》，《中国高校科技》2014 年第 4 期，第 18 页。
② 《马克思恩格斯全集》第 1 卷，人民出版社，1995，第 139 页。

言论自由的扩张性法律解释。我国宪法规定公民具有"言论、出版、集会、结社、示威的自由"六种权利，出版有《著作权法》，游行、示威有《集会游行示威法》；在互联网时代，微博、微信代替了传统话语表达方式，人们在理念上缺少自由的"度"，在实践上又缺少行为规范，言论自由滥用现象极为普遍，不能实现言论自由的真义。立法规制言论自由权是明智之举。

成果发表权是大学生对学习过程、科学研究的积累通过书面或网络向社会公之于众的权利。它是《著作权法》规定的人身权利，也是著作权的首要权利。如果作者不行使发表权，其作品无人知晓，作者也不享有权利。发表权是人身权，同时也具有财产权的特征。可是，现实告诉我们，大学生发表作品不但需要限制，而且还需要一定的物质基础，与著作权能够带来物质利益的立法特征背道而驰。这将使大学生的积极性受到挫伤，极其不利于调动大学生的积极性和创造性。

三 大学生的体育权利

根据大学生体育权利的社会本位性质，大学生的体育权体系应在国家、社会、学校义务和自身义务的基础上进行构建，也就是大学生和国家等其他主体互为权利义务关系。大学生参加体育活动、增强身心健康不应该仅仅看作个人权利，也是对国家、社会的责任和义务。基于培养过程的大学生体育权利应该是受法律保护的体育利益和义务，具体可以归纳为以下几个方面：受体育教育的权利、参加体育活动的权利、批评监督的权利。

受体育教育的权利是大学生体育的基本权利。《体育法》第十八条规定：学校必须开设体育课，并将体育课列为考核学生学业成绩的科目。第二十一条规定：学校应当按照国家有关规定，配备合格的体育教师，保障体育教师享受与其工作特点有关的待遇。第二十一条规定：学校应当按照国务院教育行政部门规定的标准配置体育场地、设施和器材。学校体育场地必须用于体育活动，不得挪作他用。从这些法律规定可以概括出开始阶段的体育项目、体育课程体系选择权，过程阶段的物质保障权和结束阶段的公正评价权。同时还必须按照各种体育项目的规定保质保量完成，遵守学校各项规章制度，遵守课堂纪律，完成国家规定的基本体能标准。①

参加体育活动的权利，这是大学生体育权利的外在体现。根据我国宪法和相关规定，学校应定期组织体育比赛，调动学生勇于参与体育锻炼的热情和兴趣。《体育法》第十九条规定：学校必须实施国家体育锻炼标准，对学生在校期间每天用于体育活动的时间给予保证。大学生有权要求国家、学校按照人均比例提供各种场外活动设施，且拥有培养学生的一项体育技能权。与此同时，大学生应积极参加各种体育竞技比赛，遵守比赛规则；利用业余时间加强锻炼身体，根据自身特点，形成一项体育技能；爱护学校的各种体育器材，充分发挥它们的作用。

批评监督的权利，这是大学生体育权利的保障。《体育法》第二十三条规定：学校应当建立学生体格健康检查制度。教育、体育和卫生行政部门应当加强对学生体质的监测。国家对大学生健康权确立常态制度，意味着国家法律对个体生命的尊重，是大学生最高的利益需求。大学生对体育教师不作为和成绩评价不公正有申诉权；对体育活动不规范造成的物质和精神损害有起诉权；对学校体育设施不规范使用、无端占用学生体育活动时间有控告权。同时大学生在行使这些权利时要保证实体、程序的合法性，不得损害国家、集体、他人的利益；对学校合理利用体育场地、体育设施，以及教师的正当体能训练行为应全面配合。②

其他权利。体育财产占有权是指占有某物或某财产的权利，即在事

---

① 张振芝：《大学生受教育权解读》，《中国高等教育》2016 年第 24 期，第 35 页。
② 张振芝：《大学生受教育权解读》，《中国高等教育》2016 年第 24 期，第 36 页。

实上或法律上控制某物或某财产的权利。在通常情况下，资产一般为所有人占有，即占有权与所有权合一；但在特定条件下，占有权也可与所有权分离，形成为非所有人享有的独立的权利。其中又细分成两种权利。体育财产使用权是指我们对体育财产不改变其本质而依法加以利用的权利，比如篮球，我们就可以在不破坏的情况下进行借用，但是学校往往会以各种理由不出借或者只能在特定的时间和场合才出借；体育财产处置及收益权是指依法对某物享有的在事实上或法律上的最终处置权，但是由于学校作为体育财产的最终控制人，学生根本不能实现对体育财产的处置，学校只能作为不当行为的监督者和管理者，而不能做体育财产的仲裁者。

体育活动中的人身权。健康权，指自然人保持身体机能正常和维护健康利益的权利。我们在参与体育活动时，如果自己身体有特殊情况或者不适合这种强度的运动，需要及时向老师或者相关人员反馈，不能勉强坚持运动。人身自由权，宪法规定公民在法律范围内有独立行为而不受他人干涉、非法逮捕、拘禁的权利。也即我们在体育运动中在合理合法的范围内，不能有其他的人来阻碍我们进行体育选择和实践。人格尊重权，体育项目先天优势较大的同学体育成绩就会好，比如肥胖或者先天有障碍和缺陷的同学可能在完成体育运动时就要多费一些时间和精力，作为教师或者学校不能歧视这些同学，应给予他们充分的尊重。隐私权，个别同学存在先天不足或缺陷，作为学校，在各项体育实践之前都需要对有特殊情况的同学进行统计，并且应该对其信息进行保密，避免给同学带来不必要的困扰。

四 大学生参与和救济的权利

（一）大学生的参与权利

大学生参与权利是大学民主化程度发展到一定阶段的必然产物，是利益相关者通过有效途径和相关平台，将自己的意志体现为组织决策的权利。它主要包括评价权利、参政权利和自治权利。

评价权利。它是指大学生享有参与教学评价和学业评价的权利。校长直通车、期末考试前通过网络直接给任课教师打分，会直接影响有关部门和教师的经济利益，可促进业务部门和教师的责任意识，保障大学生的受教育权。大学生的学业评价权指的是在学校与教师对学生学业进行考核评价为主的情况下，改变学生完全被动的地位，学生对自己学业成绩评定所应享有的一定的评定权利。这样的学业评价除了完成总结性功能之外，还发挥了教育性与发展性功能，大学生公正评价权利方得以实现。

参政权利。它是指大学生在接受教育过程中，在涉及自己切身利益的事务或活动过程中，享有参与决策的权利。作为大学实际上的消费者，实现教育的优化，大学生享有对自己学习质量的各种条件进行监督的权利，对于党委领导下的行政权力滥用和学术权力不端也有质疑的权利。

自治权利。它是指大学生根据社会发展和一定规则设立自我管理、自我教育、自我服务、自我监督组织的自治权。它来源于学生共同体的自我赋予和学校学生管理权的授予让渡，是大学生参与学校治理主体权利的核心组成部分，充分体现大学生实在意义上的主体地位，它是宪法权利。宪法权利是宪法制定者通过宪法授予宪法权利行使者的，因此，宪法权利是一种"授予性权利"，宪法权利行使者不能自身创造"宪法权利"。根据人民主权原则，凡是宪法没有明确赋予宪法权利行使者行使的权利都由人民保留，即"剩余权利原则"。《中华人民共和国高等教育法》第十一条作出相关具体的规定："高等学校应当面向社会，依法自主办学，实行民主管理。"大学生作为高等学校民主管理的主体之一，享有这一权利。在这一规定的引领下，各个高等学校学生会均制定了有关大学生管理权利的规定。比如南华大学学生社团联合会就制定了《社团学生代表大会条例》。该条例的第 1 条规定："社团学生代表大会是社团学生民主权利的重要组织形式，是学生实行自我管理的最高决策机构。……"2017 年修订后的《普通高等学校学生管理规定》中，"保障学生身心健康"已被修改为"保障学生合法权益"，这强调了学生的权益，体现了"控制行政权力"。同时还特别增加了学生参与学校管理的相关权利和学校章程规定的其他权利方面的内容，不仅有利于保障学生权利，也反映了推进高校实现民主办学、自主办学的倾向，体现了行政权力与大学生参与权利相平衡。

（二）大学生的法律救济权利

法律救济权是指大学生的合法权益因教育行政部门或者高等学校作出违法错误决定，以及其机构工作人员做出违法失职行为而受到损害时，向有关机构申诉，要求重新处理的权利。2017 年修订后的《普通高等学校学生管理规定》第六条第六款规定：大学生"对学校给予的处分或者处理有异议，向学校、教育行政部门提出申诉；对学校、教职员工侵犯其人身权、财产权等合法权益，提出申诉或者依法提起诉讼"。同时在对学生进行不利处分时，明确规定了学校的告知、送达义务与学生的陈述、申辩权利，体现了程序正义的精神。这将对学生权利保障起到重要的推动作用。还强调了校方决定的适当性问题，特别是还要对一系列可能涉及学生重大利益的处理或处分决定进行必要的合法性审查，从而通过确定的合法性与合理性来保障学生的合法权益。

大学生的救济权有两种途径：一个是个人救济申诉，另一个是司法救济诉讼。"到底谁应承担大学生权利的保障责任？负有保障责任的主体至少应具备如下几方面的条件：其一，主体与大学生的发展有利益上的关系，即大学生发展的状况与主体的需要息息相关，如果大学生的发展与主体毫无关系，那么，主体就不会去关心或保障大学生的发展。其二，主体行使社会管理职能，即主体掌握整个社会的管理权力。如果主体不直接掌管社会管理的权力，那它就没有能力对社会科学的发展作出有力的保障。其三，主体的性质及职责决定其在法律或道德上有实施保障的义务。如果主体没有这种法律或道德上的义务，那它就没有责任去保障社会科学的发展。综合以上三方面的因素，可以看出，能够成为保障大学生权利的主体，只能是国家或者国家通过法律授权的学校，因为只有国家、学校才同时具备以上三个条件。认清谁应是保障大学生权利的主体，有利于明确社会责任，也有利于人们要求谁去承担保障的责任。"① 如果我们不把此问题搞清楚，而只是泛泛地谈论大学生的权利保障，那么，我们的议论对问题的实质性解决就不会起到太大的作用。所以，现行法律规定的救济权利是切实可行的现实权利。

第三节　大学生主体权利的内在关系

一　大学生的道德权利是实现人的全面发展的应有权利

（一）大学生的道德权利与道德义务的关系

道德权利与道德义务二者关系众说纷纭，从本体论的角度来谈，道德权利与道德义务既相互区别又相互联系，二者是辩证统一的。二者含义、特点不同。"道德权利是道德主体基于一定的道德原则、道德理想而享有的能使其利益得到维护的地位、自由和要求。"② "道德义务，正是生活在某一社会中的人所时常感受到的对社会、对他人的一种职责、任务和使命。"③ 道德权利具有宽泛性、不确定性、相对性等特点；道德义务具有非权利动机性、自觉自愿性、选择性等特点。二者又是直接与

---

① 张振芝：《高校社科研究者权利保障研究》，《中国高校科技》2014 年第 4 期，第 19 页。
② 余涌：《道德权利研究》，中国社会科学院研究生院博士学位论文，2000。
③ 罗国杰：《伦理学》，人民出版社，1989，第 195 页。

间接的统一，具有平衡性的联系。

阶级社会"几乎把一切权利赋予一个阶级，另一方面却几乎把一切义务推给另一个阶级"，① 也就是说就剥削阶级享有很多的权利，但几乎不履行义务，而被剥削阶级却几乎无权利可言，只有沉重的义务，以致有权的无限有权，无权的无限无权。"卑鄙是卑鄙者的通行证，崇高是崇高者的墓志铭"，这种权利与义务二律背反的现象长期存在。这种权利和义务关系在伦理学中的表现就是"重义务、轻权利"的道德论，人们在这种道德体系中个人权利被漠视、践踏，长期讳言人权和自由。马克思曾经说过"没有无义务的权利，也没有无权利的义务"。② 在无产阶级道德中，社会成员享有平等的道德权利同时也履行平等的道德义务，道德权利和道德义务统一于整个道德规范体系中，不仅有义务规范，而且还有权利规范。拉法格在《思想起源论》中有个著名比喻：公正就好比是"天平上的平衡"，而道德权利和道德义务的统一状态便是社会公正，"权利本位论"和"义务本位论"都会使道德权利和道德义务失衡，导致社会不公正。

大学生的道德权利和道德义务便处于一种失衡状态，大学生的道德教育应包括道德权利教育和道德义务教育，如果只强调享有道德权利而忽视道德义务，那么大学生将缺乏社会责任感和义务感，会放纵自己的行为；反过来，如果一味要求学生履行道德义务而不重视其道德权利，那么"缺乏道德权利的道德教育是不道德的，这种'不道德的道德'的实践结果，无非是重复宋儒的'以礼杀人'；如果道德是苍白无力的，那么所谓道德教育最终将流于口头说教和实践中的虚伪，社会也将缺乏人道和文明而走向野蛮"。③

---

① 《马克思恩格斯选集》第4卷，人民出版社，1972，第178页。
② 《马克思恩格斯选集》第2卷，人民出版社，1972，第610页。
③ 余维武：《道德权利与道德教育》，《教育理论与实践》2008年第7期，第35～38页。

（二）大学生道德权利与社会公正的关系

《美国百科全书》曾对公正进行释义："公正是一个社会的全体成员相互间恰当关系的最高概念。"公正被古希腊和古罗马人列为四主德——智慧、勇敢、节制、公正。17 世纪，西方基督教将公正列为七主德——信仰、希望、仁爱、公正、慎重、刚毅、节欲。在我国被封建道德支配的两千多年中，"义"作为"三纲五常"中"五常"之一，通常被译为"justice"，即公正。人类社会的发展史也是人们不断追求公正的历史，公正在不同的历史时期、不同社会的道德体系中表现不同，但它们都将公正列为其道德体系最基本的道德价值目标。原始社会的公正表现为报复公正，即以牙还牙，以眼还眼；进入阶级社会后，公正并未占据统治地位，被统治阶级一直在进行着追求社会公正的斗争；社会公正则是社会主义社会的核心价值之一，是社会主义的本质要求。社会公正从广义上来说包括人际公正和国际公正，从狭义上来讲有别于人际公正和国际公正，指的是对社会的政治、经济结构所作的公正与否的道德评价，社会公正是人类永恒的价值追求。"马克思主义伦理学认为，公正就是为一定的道德体系所认可的对社会成员之权利和义务的恰当分配。就社会主义的道德体系而言，公正所描述的是社会成员在社会生活领域的权利和义务的均衡状态。"[①]

社会公正影响着人们道德水平和社会整体的道德状况，是我国正处于市场经济和民主政治积极发展的过程中所最需要的道德观念。大学生作为接受高等教育的知识群体，是社会主义事业的建设者和接班人，他们特殊的历史地位对他们的道德标准必然有更高的要求。在我国的道德教育过程中，大学生往往只是被告知自己该怎么做，需要履行哪些道德义务，道德权利很少被提及，因而几乎未行使过自己的道德权利。权利

---

① 程立显：《伦理学与社会公正》，北京大学出版社，2002，第 189 页。

和义务的均衡状态即社会公正，但由于权利和义务未被作出合乎道德的分配，没有达到拉法格所说的"天平上的平衡"，天平倾向道德义务一方，因而难以形成道德意义上的社会公正，以致当今的大学生社会公正意识淡薄。正在处于成长过程中的大学生，他们思想品德自我发展、完善、提高的过程也是追求社会公正的过程。作为特殊社会群体的大学生，他们"作为党的接班人、公务员岗位的候选人，他们不仅会成为未来社会制度的制订者，而且也会成为未来社会公共权力的代理者。他们的社会公正意识如何将直接影响到社会制度的公正和完善"。[①] 因此，作为培养高等人才的高等院校，在进行道德教育的过程中，不仅仅应只强调大学生要履行道德义务，还要指出大学生应享有的道德权利，只有道德权利和道德义务并重，才能使大学生更好地形成社会公正意识。培养大学生的社会公正意识，是积极落实科学发展观和构建社会主义和谐社会的需要，有助于大学生提高自己的道德素质和适应现代社会的能力。因此，大学生的道德权利和社会公正是相互促进的，强调大学生的道德权利，对道德权利和道德义务进行合理分配，有助于他们形成社会公正意识，进而促进我国社会主义和谐社会的构建，最终将会实现社会公正这一人类永恒的价值追求。

（三）大学生的道德权利、道德义务、社会公正三者之间既相互影响又相互制约

要想培养大学生的社会公正意识，高校的道德教育应包含两个方面：道德权利教育和道德义务教育。如果道德权利缺乏，道德教育中大学生的基本道德尊严会得不到保障，同时也可能会导致道德专制，因而尊重与保护大学生的道德权利有一定的意义："尊重与保障大学生的道德权利是高校落实人权法治的需要；尊重与保障大学生的道德权利是进一步

---

① 代冠秀：《当代大学生的社会公正意识及其培养》，《赤峰学院学报》（汉文哲学社会科学版）2011 年第 10 期，第 74～76 页。

加强和改进高校德育的需要；尊重与保障大学生的道德权利是构建和谐校园的需要。"① 大学生道德权利的培养需要多方面共同努力，努力营造良好的社会环境，为培养大学生道德权利意识提供一个前提；高校作为提高大学生道德权利意识的主渠道，要更新教育内容及理念，"以学生为本"；家庭作为培养大学生道德权利意识的重要基础，家长应对孩子进行科学的道德教育。大学生道德权利意识的形成不是一蹴而就的，需要一个过程，而且是一项长期的工程。②

二　大学生受教育权是实现人的全面发展核心的法定权利

（一）受教育权与大学生受教育权

受教育权是基本人权。受教育权是中国公民所享有的并由国家保障实现的接受教育的权利，是宪法赋予的一项基本权利，也是公民享受其他文化教育的前提和基础。主要是指公民享有从国家接受文化教育的机会和获得受教育的物质帮助的权利。

大学生受教育权也是基本人权，也是我国宪法赋予的一项基本权利。但是，它不是一般意义上公民接受国家文化教育的机会和获得受教育的物质帮助权，而是有能力接受高等教育的人享有高等教育的机会，享有学校提供的实现其学得文化科学知识、提升自己科学文化水平及实现全面发展素养的权利。主要表现为在受教育机会、受教育过程和受教育结果各阶段所应享有的权利。③

（二）受教育权性质与大学生受教育权性质

关于受教育权的定性问题，概括起来有义务、权利及权利义务复合

---

① 胡泽勇：《论尊重与保障大学生的道德权利》，《孝感学院学报》2009 年第 4 期，第 98 ~ 103 页。
② 张振芝：《大学生道德权利与道德义务及社会公正的关系研究》，《高等农业教育》2014 年第 12 期，第 50 ~ 51 页。
③ 张振芝、史万兵：《大学生受教育权解读》，《中国高等教育》2016 年第 24 期，第 34 页。

三种观点。作为大学生这个特殊主体，传统的义务论、权利和义务内在复合论都不能完全满足大学生的内在主体性和社会性，主体权利论较为符合教育法治的诉求。

公民受教育义务论的确立，是登上历史舞台的资产阶级尽快从教会手中夺取教育权力，培育发展合格的资本主义劳动者的需要。纵观世界各国，无论是推行义务教育制度最早的德国，还是法国、英国、美国、日本甚至中国，义务教育论都是针对九年义务教育阶段。国家为了培养合格的接班人通过宪法、法律拥有强制公民接受一定阶段学校教育的权力。

公民受教育权论是历史发展到一定阶段的产物，属于一种由国家直接立法而产生法律的思维模式；国家是由个体人组成，个人的权利先于国家存在。公民受教育权指公民要求国家在现有的经济基础上，通过教育制度和具体措施，提供合适的教育机会的权利。受教育权是基本人权，不仅在《世界人权宣言》《经济、社会和文化权利国际公约》等国际人权法中被明确，而且各国宪法也都承认受教育权是公民的基本权利，我国宪法第四十六条也明确规定"中华人民共和国公民有受教育的权利和义务"。受教育的公民是受教育权的权利主体，国家是承担和保障权利实现的义务主体。

大学生受教育权是受教育者享有的受教育机会权、受教育条件权和受教育公平评价权。在精英教育时期，人们关注的是接受高等教育的机会是否公平，有没有地区差异；在大众化阶段，人们关注的是教育投入的硬件设施水平；进入普及化时期，人们不再是单纯的机会、条件关注，而是体现在自身价值能否充分、全方位实现权利的要求上。从一般意义上讲，"在其他条件相同的情况下，自由同人的能力大小是成正比的"，[①]自由这一规定性，只有通过外部因素的交互作用才能成为现实。人的能

---

① 程燎原、王人博：《权利论》，广西师范大学出版社，2014，第 51 页。

力来源于所受的教育，大学生受教育权是基本的权利，是重要的法定权利之一。[①]

（三）大学生受教育权的法律关系

大学生主体权利性质涉及学校与学生的法律关系，即双方的权利与义务关系问题。当今社会比较认可两种理论：行政管理论和平等契约论。学校和学生之间的法律关系，由行政法律确定的管理与被管理关系到民事法律关系是教育发展的必然。我国的公立大学，主要领导的任免和教育投入来源于政府，学校与学生管理的关系，教师与学生的教与学关系，公认的一个观点是学校作为法律、法规授权的管理者，教师作为主动的知识传播者，学生则作为服从的被管理者，它们之间是一种不平等的法律关系，属于行政管理关系范畴。

在社会主义市场经济的今天，无论是公立学校还是私立学校，上大学交学费均是一个不争的事实。四年大学的学费少者几万元，多者十几万元。从学生权利意识出发，学校并不是在所有场合都是以行政主体的角色出现，很多时候是以民事主体的角色出现，特别是在学生缴费上学后，教育也成了一项服务，学校为学生提供学习生活的条件与环境，正是在履行其服务提供者的义务；学校的管理权限并不是概括性的支配与命令权，如学校对学生的人身权并没有概括性的支配权，学生也没有一定要全部接受和容忍的义务。高等学校与学生有着建立在平等、自愿基础上的提供服务和接受服务的法律关系，二者之间是一种平等的权利义务关系，在私立学校，服务与被服务的关系更为突出。与此同时，在某些高校，学生给老师做助教、搞课题，老师给学生发工资，学生跟老师已经不叫老师而叫老板，这形成了事实上的服务关系。

在高等教育由精英教育步入普及化教育阶段，接受高等教育不是荣

---

① 张振芝、史万兵：《大学生受教育权解读》，《中国高等教育》2016 年第 24 期，第 35 页。

誉的象征，而是一种消费，作为接受服务的高校学生不仅是教育的公共产品，也是教育服务的对象，学生作为活的产品存在，具有较强的能动性。从消费服务角度来认识学生的主体权利比较符合现代的教育理念。所以，大学生作为主体参与学校的管理，如与自身利益相关的有影响效力的决策权以及自我管理与表达的自治权等，也是必须的。政治、哲学与权利学说从来都不会忘记一个二律背反：权力是保障权利自由必不可少的力量，但是为了我们权利自由的保障，必须限制权力。按照政治平衡原则，国家、各级组织的义务要与完成这种义务的能力相互并存。大学生作为一个特殊主体，在接受高等教育的过程中，全面履行自己的学习义务，因而也要有完成学习义务的能力。这种能力除了法律、法规的授权，通过学校、教师和一般工作人员尽职尽责的工作，还需要有教育决策的参与。这种权力既发挥大学治理中对行政权力、学术权力、党组织权力制约的作用，又可以充分调动大学生主人翁式的责任感、使命感，可谓一箭双雕，这是对权力善举的思考。保障权利必须限制权力也是值得思考的问题。大学生权力存在并不能保证他们的一切行为都是善举，权力作为大学生履行义务的条件，也可能导致大学生对其义务背离。例如，各个高校为了提高教学质量，强化了学生参与管理的力度，设定了校长直通车和学生给授课教师打分。学生的权力发挥了作用，但是，这些权力的行使有时并不公正，甚至会侵害教师的合法利益，影响教师的工作热情。所以，大学生的主体权利要有一定的权力，它是保障权利与自由必不可少的力量，同时，权力是复杂的，它具有易变不可捉摸的能量，在依法治校的实践中，充分授予大学生权利，不仅是防止其他行政主体滥用权力，也会彰显大学生的特殊主体身份。[①]

所以，大学生的受教育权利不是简单意义上的权利，而是以受教育权过程为核心的权利的法律化和制度化。

———————————

① 张振芝、史万兵：《大学生受教育权解读》，《中国高等教育》2016年第24期，第36页。

三　大学生体育权利是实现人的全面发展的重要法定权利

(一) 大学生体育权利的内涵与特征

大学生体育权利也是法律关系主体或享有权利的人，要求其他人可以这样行为或不这样行为的权利，是具有某种正当利益应受法律保障的主张或要求。体育权利是人之为人的权利，是人权的一部分，但是这个权利与生命权、财产权相比却有独特之处。它不是一蹴而就的，他人不能赠予、替代或转让，体育权利的达成需要权利主体和权利客体长时期的协作，也是重要的法定权利之一。

根据我国现有法律和法律实践，一般意义上公民体育权利的表现形式可以被推定为生命健康权、社会经济权、社会文化权等。而作为培养过程的大学生体育权利就是学校教育阶段的权利展现，其内容结构也即权利与义务的统一。既要体现出教育目的、服务宗旨，也要有"育德""育智""育美"的内在功效；既要有目的、有计划、有组织地向学生传授体育知识，也要有形成体育技能的途径，所以大学生体育权利呈现为如下特征。

教育性。基于培养过程的大学生体育权利和义务是人的全面发展教育的核心。它既不同于竞技体育的强烈目的性，也不同于大众体育的休闲和养身，而是通过"育体"的形式增强大学生对自身的责任感和义务感，克服重视智育忽视体育的狭隘理念，从而更好地实现人的全面发展。

基础性。基于培养过程的大学生体育权利和义务是学校体育的基础。学校体育是体育事业的基石，它关系到大众体育的普及和竞技体育水平的提高，学校体育中大学生是受教育主体，通过学校进行最基本的身体训练，可以提高大学生的身体素质和体育技能，并在离开学校后有能力继续参加休闲健身性质的大众体育，进而形成终身体育的权利和义务观念。

系统性。基于培养过程的大学生体育权利和义务是在学校良好的氛围中形成的。通过以课程教学为主、课外体育活动为辅的方式，可对大学生身心施加全面影响的有目的、有计划、有组织的教育活动，这是大学治理体系教育制度的构成要素，也是权利体系底层的设计和分配，为全面落实国家的教育方针、课程体系，以及师资配备和管理体制的科学化奠定了基础。

（二）体育权利性质与大学生体育权利的性质

体育权利的性质大致有三：基本人权、生命健康权和文化教育权。对于人权的理解来源于天赋人权，它的理论基础是抽象的，具有强大的道德力量，人权是道德与应然层面的权利，在制度层面很难保障。对于生命健康权的理解来源于公民最根本的人身权利，它是公民享受其他权利的基础，包括生命权和健康权两部分，任何组织和个人都不得非法侵害，它强调权利的排他性，忽视了自身的义务性。文化教育权来源于宪法规定，是指公民享有从国家接受文化教育的机会和获得受教育的物质帮助的权利，如某一个人没有受教育的机会，无法上学，他就丧失了受教育权；如果缺乏教育的物质或法律保障，公民的受教育权也可能落空，会完全建立在个人对国家的依附之上。长时间来看，体育权利是建立在权利本位的基础上的，所以"权利本位应在体育立法中居于核心和主导地位"。[①] 这种理解在人们关注德育和智育发展，忽视体育教育是基础的时代是切实可行的，体育权利主要是针对国家、学校积极作为的价值诉求，也是基本的道德义务。今天，随着经济的高速发展，人们生活水平不断提高，大学生作为特殊主体，与时代的法律实践和法律精神联系紧密，基于培养过程的大学生体育权利建立的社会权利本位也会更为科学。

"社会权利本位要求以社会上的所有人、每个人为本位，人人是主体，人人有权利。要实现社会权利本位，离不开国家干预，国家干预是

---

① 于善旭：《〈中华人民共和国体育法〉修改思路的探讨》，《体育科学》2006年第8期，第72~73页。

实现社会权利本位的基本要求。"① 由于各个历史时期经济、政治和文化的性质、治理结构不同，法律的价值取向不同，权利和义务的关系经历了古代义务本位和现代权利本位时期，目前，权利本位已经普遍获得认可。但是，应以个人权利本位为核心，还是以社会权利本位为核心来关注大学生体育权利呢？1995年，《体育法》规定了社会体育、学校体育、竞技体育，充分体现了社会公共意志；人为自由发展享有不同的权利，人们行使这些权利就是满足自己的愿望，因而不再是外在的强制，而是内在的自律，体现出权利本位的特征。我们知道权利是可以放弃的，学校为了大学生的身心发展，无论在体育设施、体育场地或师资力量方面均投入很多资金，以确保大学生获得体育权利的物质条件，实践表明我们大学生的身体素质尚没有得到根本改善，因此，大学生体育权利的实现要完全依靠自身的力量自省，从现实来看还很困难。

（三）大学生体育权利的法律渊源

大学生体育权利研究是人的全面发展理论和大学生自身现实的需要。体育权利被国际认可为基本人权。1948年的《世界人权宣言》已明确规定："每个人作为社会的一员，有权享受社会保障并有权享受他的个人尊严和人格的自由发展所必需的经济、社会和文化方面各种权利的实现。"1966年，联合国大会在《经济、社会及文化权利国际公约》中强调各缔约国应"保障人人有权享有能达到的最高的体质和心理健康的标准"。1978年，联合国教科文组织通过的《体育运动国际宪章》指出："从事体育运动是一项基本的人权。"1999年的《奥林匹克宪章》强调："从事体育运动是人的权利，每个人都应有按照自己的需要从事体育活动的可能性。"在我国，体育权利作为基本人权的法律、法规也不断呈现。1982年《宪法》规定："中华人民共和国公民享有受教育的权利和义

---

① 何进平、江游：《权利本位新论》，《社会科学战线》2015年第2期，第207页。

务。国家培养青年、少年、儿童在品德、智力、体质的方面全面发展。"
1995 年的《中华人民共和国体育法》进一步规定："国家对青年、少年、
儿童的体育活动应给予特殊保障,增进少年、青年、儿童的身心健康。"
并在第三章学校体育中规定体育教育的目的,以及课内外体育的保障措
施。这些法律的相继出台和实施,为大学生体育权利提供了法律保障。

（四）大学生体育素质现状诉求与个体的全面发展

大学生的身体素质水平是我国由人力资源大国向人力资源强国迈进
的关键。根据黎伟对辽宁省 90 后大学生身体素质现状调查显示,辽宁省
90 后男女大学生速度、力量、耐力、柔韧性和灵敏性等身体素质全部低
于 1994 年的均值。① 这个调查虽然有些局限,但是,体育法颁布与实施
二十年后的结果,不得不引起我们的思考。任何教育理念都是通过行为
来表现的。体育教育包括社会体育、学校体育和竞技体育,大学生体育
教育是学校教育。我国体育法明确了义务主体的国家和学校,对学生体
育素质培养的财力、物力和人力也作了规定,可是,体育法实施的现实
表明,这些物质保证权的规定,不仅没有使大学生这一群体的身体素质
发生好的变化,相反呈现下降趋势。究其原因之一,即大学生体育权利
研究主要停留在权利法学基本理论的思路上,没有从体育权利社会学和
体育权利伦理学视野中出发进行深入探讨。从社会学角度研究体育权利
可为法律权利的运作提供有益的参考,从伦理学角度研究权利可使人内
心产生振动,所以,大学生对体育权利的认知程度仍停滞在精英教育时
代,智育代表一切。原因之二是,体育权利研究注重宏观的公民体育权
利研究,注重运动员、残疾人、儿童的体育权利研究,对大学生这一特
殊主体的体育权利研究则有所忽视。

人的全面发展理论在马克思早期思想中就是脑力劳动和体力劳动的

---

① 黎伟:《辽宁省 90 后大学生身体素质现状与对策研究》,《中国成人教育》2014 年第 4 期,
第 51 页。

结合，进而达成智力和体力的统一。我国借鉴苏联教育理念形成了现在的德育、智育和体育教育结构。体育专门针对个体的身体素质，德育、智育针对的是个体的内心世界。大学生体育活动会影响大脑神经系统，为内化知识提供物质基础，同时也可愉悦心情，以便更好地投入到学习之中，这是体育对智育的积极作用；大学生体育活动，还可以培养勇敢、坚强和积极进取的精神，使学生在身体发展中形成责任感、荣誉感和坚忍不拔的良好道德品质，这是体育对德育的积极作用。从哲学层面讲，体育教育是第一位的，没有健康的身体素质，智育和德育教育便是无载体之育。所以体育对个人的全面发展起着基础性和整体性的作用。

四 大学生参与和法律救济的权利是实现人的全面发展的现实权利

参与权利以大学生特殊身份和权利资源为基础，在大学内部治理中对高校及其内部群体施加影响，致使其改变行为，以保障大学生权利的充分实现。它是现实权利之一，包括自治权与评价权。

法律救济权利是指大学生的合法权益因教育行政部门或高等学校作出违法错误决定，以及其机构工作人员做出违法失职行为而受到损害时，向有关机构申诉，要求重新处理的权利。2017 年修订后的《普通高等学校学生管理规定》第六条第六款规定：大学生"对学校给予的处分或者处理有异议，向学校、教育行政部门提出申诉；对学校、教职员工侵犯其人身权、财产权等合法权益，提出申诉或者依法提起诉讼"。无救济就无权利，大学生的救济权有两种途径，一个是个人救济申诉，另一个是司法救济诉讼。它也是现实权利之一，具体包括申诉权与诉讼权。

大学生参与权利和救济权利不仅是权利转化的最终结果，也是权利价值的最高表现形式，它们构成权利主体追求的最高目标。大学生权利转化的规律之一，就是从应有的道德权利向法定权利的推移，也即从一种可能性向现实性的演进。这一过程既是大学生权利概念的逻辑过渡，也是大学生这一主体执着追求的历史必然结果。大学生参与权利和救济权利的现实权利构成了法治教育的基础，法律在规定权利的同时提供了从法定权利向现实权利转化的各种手段和资源；另外，法治教育的价值之一也表现为人在很大程度上的自由自主。大学生参与权利与救济权利的状况可以作为衡量教育法治水平、质量和规模的标准。参与权利越大，救济权利使用概率越小，说明教育法治的程度越高；反之，则说明教育法治内部存在弊端。在法治社会，大学生参与权利和救济权利作为现实权利具有合理性和合法性。

综上所述，大学生主体的权利依赖于他们的意义选择和社会能够提供的有关意义选择范围的要求。基于人的素质，包含体力与脑力、知识与道德、理智与情感、高等教育培养目标与人的自由自觉活动的内在性，大学生主体权利的内在表现形式为应有权利（道德权利）、法定权利（受教育权、体育权利）和现实权利（参与权、救济权）。其中，大学生的道德权利是追求必不可少的理想的权利，是一种定向的价值判断和选择，是客观的、不以法定权利的存在为转移。宪法是确认基本权利的最高规范，现行宪法确定了某权利成为法定权利，而大学生的道德权利没有被确定并不意味着它不存在。相反，它是与作为社会主体的人的自我意识和自主地位紧密联系在一起的，是人的自主性在道德素养培养过程中的权能性表现。确认大学生受教育权利和体育权利的法定权利内容，是权利的法律化与制度化，是逻辑判断和价值判断有机结合的统一，还是权利主体制度、权利实现制度、权利责任制度和权利救济制度的基础。以大学生参与权利和救济权利为内容的现实权利是大学生主体权利价值的最高表现形式，它构成了权利主体追求的最高目标和保障。三者之间互相联系、互相作用，促进了人的自由全面健康发展，回答了高等教育如何培养人和培养什么人的问题。

第五章

大学生主体权利实现的障碍及路径

　　大学生主体权利以大学产生、发展为线索，以现实环境为背景和以人的主体性为内容的生成逻辑，描绘的是五彩缤纷的大学生主体权利的理想世界，实现了大学生主体权利的概念化、体系化、制度化。那么，把大学生主体权利作为一种视角、方法、"概念工具"来使用，提升大学生主体权利的理论意义，增强认识与大学生主体权利实现过程密切相关的高等教育管理领域的问题也就非常现实。通过大学生主体权利实证研究，能够明晰大学生主体权利实现过程的教育行政管理制度、高校内部管理体制和大学生自身认识所存在的问题，并提出相应路径使大学生主体权利得以实现。

第一节　大学生主体权利问卷调查结果及分析

　　大学生主体权利调查问卷的发放、调查采取网络方式，通过微信、QQ 等平台进行问卷的发放、扩散与信息收集。借助网络这个平台，我们能够在短时间内使信息在更加广阔的空间里传递，减少了时间、空间对调查数据的限制，同纸质问卷相比节约了不少时间，减少了人力、物力的消耗，能够在较短的时间内得到较为完整的数据，提高了此次对大学生主体权利研究的调查效率。

大学生主体权利调查问卷共分三部分。第一部分是被调查对象的基本信息，第二部分是大学生主体权利缺失，第三部分是大学生主体权利的保障。本章将对这三个部分的内容分别进行统计分析。

一 被调查大学生基本信息统计分析

调查问卷第一题是：您的学校所在的区域？由于问卷调查是对大学生主体权利实现问题的研究，因此，调查研究的对象被确定为全国的大学生，把学校定在全国范围内，不作特定某一个区域的限制性调查。又因为对大学生主体权利实现问题的研究要对整个大学生群体进行调查，因此不对因学校所在区域不同而导致的数据不同进行分析，对学校的所在区域进行大致分类，也是此次调查研究范围广泛性的体现。

表 5.1　学校所在区域

答案选项	回复情况	所占比例
东北地区	760	36%
中原地区	900	42%
东南地区	320	15%
西部地区	140	7%
受访人数	2120	100%

资料来源：根据相关资料整理而得。

调查问卷第二题是：您的性别？对大学生主体权利实现问题的研究是对整个大学生群体进行的调查，因此，不对因性别不同而导致的数据不同进行分析，关于性别的调查只作为基本信息收集的一部分。

表5.2　性别

答案选项	回复情况	所占比例
男	640	30%
女	1480	70%
受访人数	2120	100%

资料来源：根据相关资料整理而得。

调查问卷的第三题是：您的年级？此次调查研究的对象以大四学生为主，共有1440人，占比68%；共有560位大三学生参与调查，占比约为26%；大一学生和大二学生各有60人，各占比3%。

由于本研究是关于大学生主体权利实现问题的调查，因此在设问时没有将研究生包含在内，只是针对大一至大四年级的在校大学生进行调查。大四学生在学校生活的时间最长，对于大学生主体权利的回答较为理性，因而调查问卷的数据很高，具有一定的合理性。高年级学生参与此次的问卷调查对大学生权利的缺失情况将具有很高的说服力；低年级学生初入大学校园，对大学生活有更多的憧憬，富于感性，因此此次问卷调查从调查对象这个层面来说是具有很好的合理性的。

表5.3　年级

答案选项	回复情况	所占比例
大一	60	3%
大二	60	3%
大三	560	26%
大四	1440	68%
受访人数	2120	100%

资料来源：根据相关资料整理而得。

调查问卷的第四题是：您所学专业类别属于？从表中可以很直观地看出在参与此次调查问卷的学生中法学类专业的学生较多，在其他专业类别中以历史学、工学、管理学为主。

　　跟其他专业类别的学生相比，法学类专业的学生具有较高的法律素养，对于大学生权利的缺失与保障具有很高的发言权。对于其他非法学专业的大学生来说，虽然在与法律相关的专业知识上可能会有所缺乏，但是其他专业的学生具有广泛的代表性，能够对大学生主体权利的缺失与保障提供较为实际、详细的调查数据，从而会较为客观地反映大学生主体权利缺失与保障的现状。

表 5.4　所学专业

答案选项	回复情况	所占比例
哲学	20	1%
经济学	100	5%
法学	660	31%
教育学	60	3%
文学	200	9%
历史学	280	13%
理学	40	2%
工学	260	12%
农学	0	0%
医学	80	4%
管理学	320	15%
军事学	0	0%
艺术类	20	1%
外语类	80	4%
受访人数	2120	100%

资料来源：根据相关资料整理而得。

二　大学生主体权利缺失的问卷结果与分析

　　调查问卷的第五题是：您对自己所拥有的权利了解多少？对于自己

拥有的权利共有 1000 人选择"了解很多，只是对自己的权利能否实现抱有很大的怀疑态度"，占比 47%；共有 1020 人选择了"知道一点，感觉权利这个词不太适用于普通人"，占比 49%；共有 100 人选择了"完全了解，并且很在意自己的权利是否得到了切实的保障"，占比 4%；没有人选择"完全不知道，权利我有吗，还是算了吧"这一选项。

大学生主体权利缺失与保障研究的问卷调查在收集研究对象的基本信息之后，首先对大学生是否了解自己拥有的权利进行调查。近一半的大学生了解一些自身拥有的相关权利，但是并不能确定自己的这些权利能够得到保障；近一半的大学生对自身拥有的权利有一些了解，对自己正确行使这些权利没有信心；只有极少数的大学生重视自身拥有的权利，并充分了解这些权利。

表 5.5　对自己所拥有权利的了解

答案选项	回复情况	所占比例
完全了解，并且很在意自己的权利是否得到了切实的保障	100	4%
了解很多，只是对自己的权利能否实现抱有很大的怀疑态度	1000	47%
知道一点，感觉权利这个词不太适用于普通人	1020	49%
完全不知道，权利我有吗，还是算了吧	0	0%
受访人数	2120	100%

资料来源：根据相关资料整理而得。

调查问卷的第六题是：您或您的同学是通过哪些途径了解到大学生权利的？这是一道多选题，旨在大学生了解自己拥有的权利的基础上对他们了解这些权利的渠道进行调查。通过下表可以看出很多大学生是通过学校教育和新闻媒体来了解自己的权利的，也有一部分大学生通过阅读相关法律书籍来进行了解，有 460 名大学生是在自己的权利受到侵犯之后才知道自己拥有该项权利的。大学生主体权利意识的被动性说明高校法治化水平较低。

表 5.6　了解权利的途径

答案选项	回复情况（多选）
学校教育	1360
新闻媒体	1300
相关法律书籍	640
权利被侵犯以后才知道该项权利	460
其他	380
受访人数	2120

资料来源：根据相关资料整理而得。

　　调查问卷的第七题是：您觉得在校期间您或您的周围同学的权利受到过侵犯吗？数据显示，共有 460 位大学生的权利受到过多次侵犯，占比 22%；共有 740 位大学生的权利受到过少量侵犯，占比 35%；只有 80 位大学生的权利没有被侵犯过，占比 4%；共有 840 位大学生并不清楚自己或身边同学的权利是否被侵犯，占比 39%。

　　数据显示，大学生权利受到侵犯的比例过半，说明大学生权利被侵犯的现象较为普遍，从侧面反映高校各个行为主体未能完全履行相应职责，大学生仍然是教育的对象，主体地位不明显。

表 5.7　在校期间权利是否被侵犯过

答案选项	回复情况	所占比例
很多次	460	22%
很少次	740	35%
不清楚	840	39%
没有过	80	4%
受访人数	2120	100%

资料来源：根据相关资料整理而得。

　　调查问卷的第八题是：在校期间，您的下列哪些权利被侵犯过？这是一道多选题。通过表 5.8 可以看出，选择"学校关于学生的重大决定并参与其中享有决策权""获得公正评价的权利""对学校相关政策的知情权""评奖评优、奖学金等要求公平公正公开透明的权利""对学校教学计划提出异议或合理化建议"的大学生比较多，说明大学中日常的教育教学活动主观随意性较大，障碍比较隐蔽。

表5.8 被侵犯的具体权利情况

答案选项	回复情况（多选）
对学校教学计划提出异议或合理化建议	700
对处分处罚决定提出申辩、申诉	260
享受学校规定的医疗卫生补贴	340
自由选择就业工作单位	300
利用课余时间进行社会实践和勤工助学活动	320
评奖评优、奖学金等要求公平公正公开透明的权利	700
对学校相关政策的知情权	900
参与学校、班级日常管理的参与权	360
获得公正评价的权利	540
学校关于学生的重大决定并参与其中享有决策权	1000
受访人数	2120

资料来源：根据相关资料整理而得。

调查问卷的第九题是：请问您对现已享有的权利的满意程度？共有1380人选择"一般，还有很多应享有的权利没有享受到"，占比65%；共有580人选择"满意，学校已经尽力去维护学生的权利"，占比27%；共有120人选择"很满意，享受到了应该享有的所有权利"，占比6%；共有40人选择"不满意，学校明显侵犯了学生的权利"，占比2%。

除了对大学生应有的权利需要确认之外，大学生现有的法定权利也不能得到保障。过半数的大学生觉得自己还有很多权利没有享受到，认识到了保障自己权利的重要性；约三分之一的大学生对于自身拥有权利的现状持积极的态度，认为在学校的学习生活中自己的权利能得到保障，学校也为保障大学生权利作出了努力；较少的大学生认为学校侵犯了大学生的权利，对自己享有的权利并不满意。

表 5.9　对已享有权利的满意程度

答案选项	回复情况	所占比例
很满意，享受到了应该享有的所有权利	120	6%
满意，学校已经尽力去维护学生的权利	580	27%
一般，还有很多应享有的权利没有享受到	1380	65%
不满意，学校明显侵犯了学生的权利	40	2%
受访人数	2120	100%

资料来源：根据相关资料整理而得。

调查问卷的第十题是：当权利受到侵犯时您是否敢于维护自己的权利？共有 1400 人敢于维护自己的权利，占比 66%；共有 720 人当权利受到侵犯时不敢维护自己的权利，占比 34%。

这一问题显示，大学生主体权利的缺失与自身也有相关性。大多数学生都有权利被侵害寻求救济的意识；也有相当一部分大学生缺乏维权方面的意识。

表 5.10　维护自己权利的情况

答案选项	回复情况	所占比例
是	1400	66%
否	720	34%
受访人数	2120	100%

资料来源：根据相关资料整理而得。

调查问卷的第十一题是：法律规定了很多权利，您认为法律的规定有用吗？共有 1180 人选择了"有点用"，占比 56%；共有 660 人选择了"很有用"，占比 31%；共有 120 人选择"不清楚"，占比 6%；共有 160 人选择了"没用，法律是虚的"，占比 7%。

数据显示,超过八成的大学生相信法律,肯定了法律在保障大学生权利方面的作用;少数大学生对于法律在保障大学生权利方面的作用持消极态度。

表 5.11 对法定权利有用性的看法

答案选项	回复情况	所占比例
没用,法律是虚的	160	7%
有点用	1180	56%
很有用	660	31%
不清楚	120	6%
受访人数	2120	100%

资料来源:根据相关资料整理而得。

调查问卷的第十二题是:您对与大学生相关权利的法律的态度是怎样的?共有1380人选择"愿意配合",占比65%;共有600人选择"积极参与,建言献策",占比28%;共有120人选择"无所谓",占比6%;共有20人选择"不愿意配合",占比1%。超过九成的大学生对相关法律持积极的态度,积极为保障自身权利作出努力;只有极少数的大学生对于法律法规持消极态度,不愿意配合相关法律为保障自己的权利作出努力。这说明大学生对法律的认可度较高。

表 5.12 对与大学生权利相关的法律的态度

答案选项	回复情况	所占比例
积极参与,建言献策	600	28%
愿意配合	1380	65%
不愿意配合	20	1%
无所谓	120	6%
受访人数	2120	100%

资料来源:根据相关资料整理而得。

调查问卷的第十三题是：您认为有必要加强大学生的权利意识吗？共有 2060 人认为有必要加强大学生的权利意识，占比 97%；共有 60 人认为没有必要加强大学生的权利意识，占比 3%。这说明大学生时加强权利意识的认同感较强。

表 5.13　是否有必要加强大学生权利意识

答案选项	回复情况	所占比例
有	2060	97%
没有	60	3%
受访人数	2120	100%

资料来源：根据相关资料整理而得。

调查问卷的第十四题是：如果您认为有必要加强，哪些途径最有效？从下表可以看出，"相关课程""互联网""政府的普法宣传"三个选项的数据较为集中，因而可以从这三组数据中得出大学生急需的有效加强权利意识的相关途径；而"看电视"和"看书，读报"可以作为加强大学生权利意识的辅助措施，为保障大学生权利做好全方位的工作。

表 5.14　加强大学生权利意识的有效途径

答案选项	回复情况	所占比例
看书，读报	100	5%
看电视	80	4%
互联网	660	31%
政府的普法宣传	420	20%
相关课程	860	40%
受访人数	2120	100%

资料来源：根据相关资料整理而得。

调查问卷的第十五题是：如果您的权益受到侵害，您会怎样？共有 1080 人选择"想去找老师或有关部门解决，但过程可能太繁琐，问题不一定能解决，所以只好忍气吞声"，占比51%；共有720人选择"只要是我的正当权益，我就应该去争取，所以我会找有关部门"，占比34%；共有240人选择"心里很气愤，但只是抱怨，没任何实际行动"，占比11%；共有80人选择"根本无所谓，而置之不理"，占比4%。简化大学生保障权利的救济程序是当务之急。

表5.15 权益受到侵害时的反应

答案选项	回复情况	所占比例
根本无所谓，而置之不理	80	4%
心里很气愤，但只是抱怨，没任何实际行动	240	11%
想去找老师或有关部门解决，但过程可能太繁琐，问题不一定能解决，所以只好忍气吞声	1080	51%
只要是我的正当权益，我就应该去争取，所以我会找有关部门	720	34%
受访人数	2120	100%

资料来源：根据相关资料整理而得。

调查问卷的第十六题是：您认为大学生被侵权后采取消极态度的原因有哪些？这是一道多选题。通过下表可以看出，在"觉得多一事、少一事没什么大不了，以后注意点就是了"这一选项上的数据很集中；在"法律不完善，使他们没有信心取得胜利，于是放弃""诉讼成本太高使他们望而止步""大学生消费维权的意识淡薄"三个选项的选择上较为平均，也就是说需要从这几方面加强大学生权利的保障；另外在"其他"这一选项中，60位大学生写下了自己的意见，"学校关于大学生权利的工作没有做到位""畏惧权威势力的压制""大学生自己势单力薄担心受到威胁"，这就需要真正为改善大学生权利展开对策研究。

表5.16 侵权发生后采取消极态度的原因

答案选项	回复情况（多选）
大学生消费维权的意识淡薄	1140
诉讼成本太高使他们望而止步	1180

答案选项	回复情况（多选）
法律不完善，使他们没有信心取得胜利，于是放弃	1060
觉得多一事、少一事没什么大不了，以后注意点就是了	1600
其他（请注明）	60
受访人数	2120

资料来源：根据相关资料整理而得。

三 大学生主体权利保障的问卷结果与分析

调查问卷的第十七题是：您对大学生主体权利保障政策了解多少？共有1340人选择"了解一点"，占比63%；共有60人选择"非常了解"，占比3%；共有660人选择"不了解"，占比31%；共有60人选择"完全不了解"，占比3%。这说明高校法治教育滞后。

表 5.17　对大学生主体权利保障政策的了解程度

答案选项	回复情况	所占比例
非常了解	60	3%
了解一点	1340	63%
不了解	660	31%
完全不了解	60	3%
受访人数	2120	100%

资料来源：根据相关资料整理而得。

调查问卷的第十八题是：您觉得法律能维护您的切身利益吗？共有960人选择"现在不能，但随着社会的发展，法律会逐渐完善"，占比45%；共有880人选择"能，我对法律有信心"，占比42%；共有280人选择"不能，法律愈来愈成为有钱人和有权的人的工具"，占比13%。

由于法律保障在大学生权利保障方面具有很重要的作用，因此这个问题显示我们有必要对大学生对法律的态度展开调查研究。虽然有近半数的大学生认为当下的法律并不能维护自己的切身权利，但他们也认为随着社会的发展法律会逐渐完善；有很多大学生肯定了法律的作用，对法律保障大学生权利持有积极的态度。因此，为保障大学生权利制定的法律需要具有普遍性和可适用性。

表 5.18　对法律能否维护切身利益的看法

答案选项	回复情况	所占比例
能，我对法律有信心	880	42%
不能，法律愈来愈成为有钱人和有权的人的工具	280	13%
现在不能，但随着社会的发展，法律会逐渐完善	960	45%
受访人数	2120	100%

资料来源：根据相关资料整理而得。

调查问卷的第十九题是：您认为当我们维权时，有时法律的公正性没有实现的主要原因是？在上一题的设问中，有大学生认为现行法律并不能维护大学生的切身权利，那么这道问题就对法律没能达到预想中效果的原因进行了调查研究。"我国权力机关和司法机关相互制约，司法机关的工作没有自主性""当法律没有实现公平时，大多数人没有再上诉，选择忍气吞声""一些司法机关收受贿赂导致办案不公"这三个选项的数据比较平均，因而可以从这些角度考虑保障大学生权利的对策；共有220人选择了"法律本身没有足够多的权威"，占比10%，这说明一部分的大学生认为需要加强法律在保障大学生权利方面的权威。

表 5.19　对有时法律无法彰显公正性的看法

答案选项	回复情况	所占比例
法律本身没有足够多的权威	220	10%
一些司法机关收受贿赂导致办案不公	480	23%

续表

答案选项	回复情况	所占比例
我国权力机关和司法机关相互制约，司法机关的工作没有自主性	820	39%
当法律没有实现公平时，大多数人没有再上诉，选择忍气吞声	600	28%
受访人数	2120	100%

资料来源：根据相关资料整理而得。

调查问卷的第二十题是：您认为我国大学生权利保障体系存在哪些问题？共有 1200 人选择"多数人不知道自己的权利是什么"，占比 57%；共有 460 人选择"权利保障起来较困难"，占比 22%；共有 320 人选择"权利保障体系不够完善"，占比 15%；共有 140 人选择"权利保障的力度太小"，占比 6%。这说明教育体系自身也需要进行改进来适应变化了的大学生权利缺失的现实。

表 5.20　大学生权利保障体系可能存在的问题

答案选项	回复情况	所占比例
权利保障体系不够完善	320	15%
多数人不知道自己的权利是什么	1200	57%
权利保障起来较困难	460	22%
权利保障的力度太小	140	6%
受访人数	2120	100%

资料来源：根据相关资料整理而得。

调查问卷的第二十一题是：您认为如何解决权利保障中存在的问题？正因为在大学生权利保障方面存在一些问题，所以需要对这些问题提出对应的意见和建议。设问中这几个选项的数据分布比较平均，说明受调查的大学生认为，从这些角度出发都可以达到解决权利保障存在问题的效果，并可以从这几个角度提出对策研究。

表5.21 大学生权利保障问题可能的解决方案

答案选项	回复情况	所占比例
完善大学生权利保障体系	720	34%
完善相关的法律法规	500	24%
拓宽大学生权利保障的渠道	560	26%
加大大学生权利保障的宣传力度	340	16%
受访人数	2120	100%

资料来源：根据相关资料整理而得。

调查问卷的第二十二题是：您是否认为现在投诉程序比较复杂，投诉"门槛"高，投诉处理时间过长呢？共有1860人选择"是，因此有些小的侵权行为就不会采取维权行为"，占比88%；共有80人选择"不会"这一选项，占比8%；共有80人选择了"无所谓"，占比4%。

我们对大学生权利受到侵犯之后，保障程序能否快速高效地解决问题进行了调查研究。超过八成的大学生会因为投诉程序太过复杂而对一些小的侵权行为不予责任，这就需要对保障程序进行简化；只有极少数的大学生觉得现在的保障程序不复杂，有较短的处理时间；还是会有大学生对自己权利受到侵犯的现状持消极态度，不够重视。

表5.22 对投诉程序、处理时间等的看法

答案选项	回复情况	所占比例
是，因此有些小的侵权行为就不会采取维权行为	1860	88%
不会	180	8%
无所谓	80	4%
受访人数	2120	100%

资料来源：根据相关资料整理而得。

调查问卷的第二十三题是：您认为政府在大学生权利保障方面应该做些什么？大学生权利的缺失也有政府工作不到位的原因，因此这道设问对政府在大学生权利保障方面应该作出的努力进行了调查研究。从表

中可以看出，"实行鼓励大学生进行权利保障的政策""建立大学生权利
保障制度体系""拓宽大学生进行保障权利的渠道"三个选项的数据较
为平均，因而可以从这几个方面对政府保障大学生权利提出意见和建议；
而"加强对侵害大学生权利行为的监管"也不容忽视，政府要全方位地
为保障大学生权利作出努力。

表 5.23　政府应作的努力

答案选项	回复情况	所占比例
拓宽大学生进行保障权利的渠道	700	33%
建立大学生权利保障制度体系	580	31%
实行鼓励大学生进行权利保障的政策	660	27%
加强对侵害大学生权利行为的监管	180	9%
受访人数	2120	100%

资料来源：根据相关资料整理而得。

　　调查问卷的第二十四题是：您认为为保障学生权利应采取的积极措
施有哪些？这是一道多选题，对保障大学生权利的对策建议进行了调查
研究，从下表可以看出，数据比较集中于"加强学校内部管理，建立合
理合法的管理制度"，这说明在大学生权利的保障方面学校的作用不容
忽视，学校可以从多方面进行努力，为保障大学生权利作出贡献；其他
的选项数据较为平均，也可以从这几个方面考虑保障大学生权利的对策
研究。

表 5.24　保障大学生权利应采取的积极措施

答案选项	回复情况（多选）
完善相关权利法案	1160
加强学校内部管理，建立合理合法的管理制度	1700
加大相关权利法律宣传力度	1040
提高学生自身的权利意识	1280

答案选项	回复情况（多选）
增加大学生维权渠道	1180
其他（请注明）	0
受访人数	2120

资料来源：根据相关资料整理而得。

第二节 大学生主体权利实现过程中存在的障碍

上述问卷调查显示，大学教育开始进入普及化阶段，全面依法治国与现代大学制度建设，引发了人们对现实的大学教育目的、教育功能、大学生基本素养等一系列问题的追问，在培养过程的质量背后各种权力的博弈与融合受到高度关注。但是，在以马克思人的自由全面发展理论为基础、以法治中国战略目标推进的高等教育深层次改革为动力的逻辑中，大学生主体权利的缺失与保障所透射的各种障碍已然不容忽视。

一 教育行政管理壁垒阻滞大学生主体权利实现

（一）高等教育三大社会职能顺序误读使大学生主体权利没有得到充分尊重

高等教育承担的主要社会职能包括：培养人才、发展科学、服务社会。无论在管理理念时期，还是服务理念时代，高等教育都应把培养人才放在中心位置。发展科学的社会职能可以促进现代大学质量与水平的提高；直接为社会服务的社会职能可以使我们的大学更接地气。但是，高等学校并非企业，也不是科研院所，它的第一要务是培养社会主义的接班人和建设者，但现实中高等教育对三大职能关系的排序有些使人误解。教育主管部门的教学评估体系，学校考核教师指标体系都是围绕论文、课题、学历，认为课题多、论文层次高，就是高质量的学校教育，教师的高学历就是高水平。但是在实际教育过程中，我们的科研成果有多少转化为教学过程，直接或者间接让学生真正受益呢？在部分高校，部分教授忙于跑项目、做课题、创办公司，师生之间的关系转化为廉价的雇佣关系，学生把教授称为老板。这种科教分离的考核导向，满足了学校、教育者的精神需要，表面上看是适应时代发展，为实现世界双一流而努力，实际上是"两害相权取其轻，两利相权取其重"，面对当今中国社会发展阶段和高等教育的实际能力，我们不能以牺牲教育最基本职能，即培养人为代价去达到难以实现的目标。如果科学研究和服务社会不是以培养大学生、关注大学的发展为本，大学生的主体权利将空无一物，高等教育作为培养人的基本职能更是无稽之谈。

（二）教育行政法治过程权力控制与权利保护存在的落差使大学生主体权利制度保障弱化

在教育行政法治领域，权力控制与权利保护等同。教育主体经常把大学生权利保护与权力控制系在一起，认为控制权力就是保障权利。控制权力尽管是保障权利的方式，但不是保障权利的全部方式，授权也是权利保护的重要方面。中国大学教育培养不出有创新能力的学生，重要的原因之一是没有授予大学生更多伦理认同和道德支持的权利。参与权、监督权等公权失落，就连人身权、财产权等私权也难以保障。大学生作为一个鲜活的个体，按照人的自然属性和社会属性来讲，应该是有个体差异的，不能千人一面，但是现在的大学从各级教育主管部门、高等院校、高校教师到学生，都被灌输着教育统一模式的理念，大学就是完成任务，顺利毕业，找到工作，这完全违背了大学教育的核心——自由的精神、公民的责任和远大的志向。

大学生主体权利理念供给与大学生主体权利资源供给的落差。大学生权利保护应该法定化、程序化、科学化，甚至智能化，这些理念供给的力度比较振奋人心，成果也才能比较明显。但是，仅有大学生主体权利理念供给是不够的，大学生权利实现一定要有资源基础，这些资源包括人才培养制度、人才培养机制以及具体的操作手段。不要雷声大雨点小，而要雷声小雨点大，逐步缩小两者的距离，最终完美统一。因此，完善有利于实现大学生主体权利的各种制度规范，及行为习惯的奖惩分明措施，使大学生主体权利资源供给的发展与理念供给的发展同步进行、协调一致。

倡导大学生主体权利保护理念与强调大学生义务履行意识的落差。在对大学生权利义务关系的理解上，"权利义务一致说"和"权利本位说"无可厚非是当前的主流，但是，正如有的学者说的，"义务重心说，这个貌似与民主精神相悖的观点，实际上是一个极有理论深度的见解。从法律实现角度，一个社会之所以需要用某种强制力来保证法律实施，主要不在于人们不会自觉行使权利，而是因为义务往往会被人拒绝"。①淡化义务，强化权利，必将出现萎缩的义务意识和发达的权利意识间的冲突越发加剧，大学生主体权利也最终成了无源之水、无本之木。

二 高校内部管理体制缺陷妨碍大学生主体权利实现

（一）现有大学内部权力体系使大学生主体权利难以充分实现

目前，高校已经形成了较为完善的内部治理体系。我国一般高校实行党委领导下的校长负责制，领导权力、决策权力在党委会和党委常委会；行政权力在学校的校长办公会；学术权力在学术委员会，学术委员会是学术的最高权力机构；通过教职工代表大会和学生代表大会来保障教师和学生的利益。大学生群体在长期管理体制下是一个弱势群体，即使大学内部治理，即法律和道义都承认大学生权利存在的合理性和正义性，但是，大学生周旋于行政权力和学术权力仍会力不从心。

———————————

① 程燎原、王人博：《赢得神圣——权利及其救济通论》，山东人民出版社，1993，第298页。

　　从行政权力看，在我国，"大学的整体概念和形象在许多场合被视为事业单位，在管理上主要沿袭行政管理体制。校长领导院（处）长，院（处）长领导系主任，系主任领导教研室主任，教研室主任指挥教师；套用政府机关行政级别，实行长官负责制，一级管一级，隶属关系清晰，建构了一个金字塔式的组织结构"。① 这种组织结构伴随政府治理、市场治理向教育公共治理转变，虽然行政权力有所弱化，但是，一个典型的以行政权力为价值取向的高校内部管理系统还没有被彻底打破。教授、副教授享受待遇时，名义上是高于相应同级别的行政人员的，实际上仍然处于劣势。尽管高校存在不同的权力类型，但起决定作用的仍然是行政权力。教师作为学校主体力量也受制于行政权力，教代会作用更是微乎其微。大学生权利组织大都是学校行政权力的附庸。学生会在学校学生处领导下开展学生工作，党支部、团支部和班委会在党委和团委领导下开展党团活动。它们并不是大学生群体真正意义上的代言人，而是帮助学校做好学生工作的阵地。它们的工作完全是在学校的行政领导下开展，对学校的上级行政部门负责，并不对学生群体负责。充其量是反映汇报情况，不是处理问题。大学生相对弱势的地位导致其在高校的决策及管理中难以发挥作用而是流于形式。制度上的保证、法律上的支撑仍需要历史不断洗礼。

　　从学术权力看，教师与学生是致力于探究真理的学术共同体。以自由、平等的身份探讨科学、追求真理本应该是共同体的使命与责任。但是，我们从教师称谓的微妙变化可见一斑。早年《尚书》记载的"师"与"君"相同，才有了韩愈《师说》中："古之学者必有师，师者，所以传道、授业、解惑也。"民国时期，各类学校的先生被称为教员，好像先生就是专门教学生书本知识的人，重教太过，于是，陶行知老先生提出："先生的责任在教学生学；先生教的法子必须根据学的法子；先

---

　　① 董云川：《论大学学术权力的泛化》，《高等教育研究》2000 年第 2 期，第 60～64 页。

生须一面教一面学。"这是教学合一的观点。新中国成立后，"老师"逐渐取代"教员"成为对教师最常用的称谓。虽然在文化革命时期，教师曾一度被污蔑为"臭老九"，但是文化革命结束后，"老师"称谓开始恢复并延伸到其他领域。改革开放后，人们因对教育的尊重，对教师的尊称也不断演化出"园丁""春蚕""蜡烛""慈母""孺子牛""春雨"等，说明了教师工作之艰辛和教师对教育事业的强烈责任心。一段时期在大学校园里对老师的称谓发生了一个小小的变化：大学生把老师称为"老板"，名义上带学生搞研究，实际上让学生为其无偿打工，成为科研压力最大的老师的猎物。高校师生的这种交易关系，如果双方完全自愿还无可厚非，关键是师生之间，教师身份优于学生，利用占有知识的权力，倒置了原本的服务关系。最终在"尊师重教"道德的绑架下，大学生质疑老师学术水平和授课水平的"权利能力"的热情消耗殆尽，大学生的学习权、知识产权等关乎大学生切身利益的权利得不到应有的保障，成为教师学术权力下的螺丝钉，哪里需要就用到哪里，大学生失去主体权利的资格，也就失去了尊严。学术不端、考试作弊成为大学校园的顽疾。大学生毕业论文出了问题问责的是学生，而不是导师、学术委员会。在这样一个学术氛围里，哪个学生敢于问责我们的教师、我们的学术委员会！我们的教师、学术委员会又有谁会主动承担责任，接受惩罚。青出于蓝而胜于蓝的理想状态，随着教师的学术权力化考量而被湮没了。这或许就是"钱学森之问"的另一个合理答案。

（二）现有专业课程固化使大学生主体难以发挥积极性

从专业调整与课程设置的角度看，"专业"是课程的一种组织形式。大部分高等学校学生一入学，根据学生填报的志愿和分数，就决定了相应的专业方向，即使有些高校实行大类招生，也可在专业方向上进行适当选择。我们知道，高等教育之前的教育是应试教育，在参加高考之后的专业选择时，大部分学生是未成年人，专业的选择会受社会环境和家长影响，难以体现学生的内心世界和情趣，到了大学本应给学生进行调整的机会，由于各种办学条件限制，学校只能允许部分学生在专业上作适当调整，但学科改变却望尘莫及，难以实现。

课程是学校按照一定教育目的所构建的各个学科和各种教育、教学活动的系统。但是，在公共课与专业课教学时数的安排上，教育主管部门通过不同文件规定了公共理论课和基础课的最低学时，大学生就业指导课程以及大学生心理课程也设置了最低学时，大量公共课程时数的要求，严重挤占了学生的专业课时和自修时间，学校成为完成各级各类教育主管部门规定动作的机器。专业课程，不是以人的身心全面发展和尊重教育规律而设，是因所谓"有用"而设，而对于大学生长期潜移默化才能显现价值与成效的所谓"无用"课程，却不开或者少开，甚至有些院校以现有的教师来开设专业课程，而非以应当传授给学生的内容来开设。

（三）现有教学过程形式化使大学生主体地位难以实现

从教学过程来看，随着大学规模扩张，师生比例出现失调，教学班级人数急剧增加，教师传道不能解惑，严重背离了教学的初衷。

首先，教师备书不备人。教学过程大多是在教师指导下认识世界，认识世界的目的是为了改造世界。教育过程中任何认识的目的都在于通过认识过程培养大学生的各种能力，促进全面发展，适应社会发展，做到学以致用，但是，在传授人类已有的知识时，教师不能联系本学科领域的最新动态激发大学生解决学术问题和实际问题的兴趣，以充分发挥他们的主动性与创造性，进而引导他们利用已有的知识去探索未知的知识，鼓励他们用新的方法、新的思路去获取这些知识，而只是一言堂。尽管目前有了一些教学方式方法的改变，但最终教师备课仍是备书不备人，导致学生不但上课睡觉，玩手机现象也难以杜绝；由于教师对学生缺少系统引导，致使他们用于学业上的业余时间很有限，不但浪费大学生很多宝贵时间，而且使学习的主动性和系统性也有所欠缺，难以很好地实现教育目的。

其次，大学生课业成绩考核流于形式。高校大学生课业成绩考核，对学生、教师教学、大学生学籍管理及教育评估都有非常重要的作用。高等学校对大学生课业成绩的考核方式包括考试、考查和答辩三种。仅以答辩为例，答辩方式主要用于学位论文的课业成绩考核，凡是采用答辩方式都要遵循一定的答辩程序和规范要求。大学生必须经过论文答辩申请和举行论文答辩来完成考核，论文答辩是考核学生的一个复杂过程，不同于一般的教育活动，通过论文答辩可以给学生的学业画上句号，也可以检验教育管理者和教育者存在的问题，为今后的教育提供经验与教训。但是，本科生的论文答辩时间较短，有的仅规定在 1 小时以内，而没有规定最低时限，再加上扩招导致师资严重不足，以及追求速度，答辩往往草草结束，极大挫伤了大学生的积极性，很难对学生论文成绩作出带有指导性与客观、公允的评价。

最后，平时的考核、考试只被当作评定学生学业的尺度，教育主管部门几乎没有对学生成绩的合理性，教育过程和教师的工作精神作出反思。

（四）科研评价体系功利化使大学生主体难以发挥创造性

从培养过程来看，对教育者进行层层教育控制的结果是，培养出来的学生少有自由之思想、独立之精神。在中国大学培养不出有创新精神的人的问题，特别是在有了"钱学森之问"之后，教育主管部门也反思过大学究竟应如何培养人的问题，并提出了一系列指导性意见。比如，高校教师在科研上要有教改方面的文章并在教学中应用，目的是将教师的理论研究方向转向为教学服务，把教师的关注点向学生转移，从而逐渐使大学的导向真正"以学生为中心"。再比如，高等院校的硕士生、博士生导师要给本科生授课，目的是要将最前沿的理论惠及初涉专业领域的大学生，给他们以学习方向的引导。高等院校的硕士生、博士生导师要亲自带本科生。让理论功底扎实和教学经验丰富的教师担任本科生导师，目的不言自明，即通过导师的"以身示教"使大学生近距离感受成为师者的过程。通过导师的"身教言传"，使大学生"亲其师，信其道"。

这些规制在一定时期发挥了作用，但是，与真正意义的高等教育"立德树人"尚有些差距。教师的学术活动，要基于人类社会的根本性事实，接近和发现真问题，引领学生并且尽量与学生达成解决问题的共识。然而，当下的各种学术会议过于高大上，让教师、博士、硕士很难接受，只得命令本科生参加，目的是完成课题开题、检查，完成学术成果的社会效应。这样一来，真知和良知的学术生命力，就被各种学术会议、专题报告湮没，办好人民满意的教育则成为一句空话。任何事情没有最好，只有最合适，学术活动也要尊重学生，学生的尊严权是人格权中的核心权利，在民法学中，人格尊严是具有伦理性品格的权利，是主体尊重自己和被他人尊重的统一，是个人价值主客观评价的结合。大学生尊严权的获取除了来源于社会、家庭，更重要的是学校教育的各个环节。

三　大学生自身认识的误区阻碍大学生主体权利实施

（一）大学生对主体权利认知能力的欠缺导致主体权利意识淡漠

从精英教育时期的大学生"特权"，到大众化时期大学生的"权利"，再到普及化时期大学生的主体权利，大学生们还没有完全适应这种变化。大学生真正成为大学内部治理体系重要的参与者、建设者的时间并不长，对于高校的管理机制仍然有较大的学习和适应需求。如果按照国力的分类，2016 年，高等学校学生的毛入学率达到 40%，已超过中高收入国家平均水平。[①]《中国教育改革和发展纲要》规定的国家财政性

---

① 陈宝生：《高等教育改革与发展工作情况》，人民网，2016 年 9 月 1 日。

教育经费支出占国民生产总值的比例到 20 世纪末达到 4% 的目标已经实现，人力资源大国向人力资源强国转换的"硬实力"已然具备。但 2015 年 12 月 27 日第十二届全国人大常委会第十八次会议修订的《高等教育法》和 2016 年 12 月 16 日经教育部 2016 年第 49 次部长办公会议修订通过的《普通高等学校学生管理规定》明确的知情权、参与权、表达权和监督权等"软实力"制度建设并没有跟上硬实力的提升速度。大学生们还认为学校的权力就应该掌握在学校管理者手中，自己并不具备管理经验，也没有参与学校具体管理决策的能力。他们的主要任务是学习相关的专业理论知识和技能，而对将部分精力放到参与学校管理上来的正当权利熟视无睹。而社会则将大学生结构性失业问题归结为学校扩招、世界金融危机等外部因素。甚至有的学生认为即便是学校的决策失误也与自己无关，事不关己高高挂起。他们关心的是考试会否挂科、知识能否学会、校园生活是否舒适等，将权利与权力混淆，自身权利的保障又不足，共同体中参与管理的热情不高，主观能动性不强，而规则制定、课程接受、统筹协调和决策判断等管理方面的经验需要长时期的磨练，大学生有时还会滥用自身的权利。

（二）大学生对主体权利法制环境误解导致扭曲了权利与义务

法制环境是指全社会主张法律主治、依法而治所形成的特定意义上的法治环境。这种环境下崇尚的是自由、平等、规矩。没有无义务的权利，也没有无权利的义务。

首先，大学生法定权利的实现问题。大学生的权利主要通过《宪法》《民法》《教育法》《高等教育法》《学位条例》《普通高等学校学生管理规定》，以及大学章程等相关法律、法规和校规确认，多重规则形成了多种法律关系。行政法律关系。这是一种不平等的法律关系，法律、法规赋予高校招生、学籍管理、毕业证书颁发和学位授予等一定的行政职权，大学生是以行政相对人的身份出现，主要承担服从、忍让义务。民事法律关系。这是一种平等主体的法律关系，《高等教育法》规定："高等学校自批准设立之日起取得法人资格。高等学校在民事活动中依法享有民事权利，承担民事责任。"学校作为教育活动的平等民事主体，优质教育资源的提供、教育教学管理的热情服务和对社会监督的接受是义不容辞的义务。大学生通过能力分配原则考取并交纳一定的学费就应该拥有使用教育公共资源、享用学校服务和监督学校服务质量的权利。特别权力关系。随着依法治国和依法治教的推进，以大学章程为核心的内部规则应运而生，校方从而取得了对大学生进行管理的支配权力。在特别权力关系中，大学生服从、容忍的义务比较隐蔽，而大学生权利救济主要通过向主管部门申诉来完成，这在一定程度上排除了司法裁判的可能，以一种相对合理合法的方式，挤压了大学生权利的存在空间。

现有的关于大学生权利保护的法律、法规正逐步完善，但是，错综复杂的法律关系，一方面难以落实法定义务主体，另一方面也会造成大学生对自己权利的滥用，任何权利与权力都是相悖的，有关教育行政部门应该加快制定《大学生主体权利保障法》，以激发大学生的生机活力，并保障大学生主体权利的正常行使和不受侵犯。

其次，大学内部治理中大学生主体权利中权利能力的实现问题。我国的法律、法规都明确规定大学生有参与权，所以，大学生要有能力参与：其一，要有对大学人财物的知情权，比如教育经费的使用权，学校用人标准的知晓权；其二，在共同治理中，作为利益相关者的教师和学生要有参与大学任何事务的决策权。知情权要知情什么，该怎么行使？决策权要决策什么，该怎样发挥？显然我们的法律规定完成了形式要件，实质要件却没有明确。既然是以德树人，以学生为本的大学内部治理的大学生权利能力制度建设任重道远。

（三）大学生对受教育权利认识误解导致受教育权利滥用

长期以来，大学生受教育权的法律关系，在宪法层面、行政法层面和民法层面都仅围绕大学生是权利主体展开探讨。国家、社会和学校作为义务主体如何保障他们的权利，在高等教育管理模式转向多元治理模式的背景下，捍卫大学生的受教育权，彰显权利意识固然是明智之举，但是，受教育权背离的现象也很严重。

其一，大学生受教育权诉求过于随意，形象受到影响。根据《宪法》、《教育法》、《高等教育法》和《普通高等学校学生管理规定》，大学生的受教育权应该理解为开始阶段的学习机会权，过程阶段的学习条件权和结束阶段的公正评价权。这些通过竞争获得的受教育权，随着我国经济的发展，教育投入不断增加使它们已经成为现实权利。当这些权利没有满足个人意愿和要求时，一部分大学生借助公民自由言论权、人身安全保障权、人身自由权，批评、指责学校、老师及管理部门侵犯他们的受教育权，无限扩大他们的权利。近来，大学生状告母校侵犯受教育权案件屡屡发生，其中有些案件确实是学校的管理侵犯了学生的合法权益，也有一些案件则是因为大学生违反学校相关规定，学校进行了合情、合理的处罚。对于正确的处罚，大学生不但不接受、不改过，相反认定学校侵犯自身合法权利，通过各种救济途径与自己的母校对抗。有的时候导致学校不敢管，以致教师不能严格教育学生。在学习过程中，有的大学生虽然上课睡觉、抄袭作业，却在成绩评定时要求教师在保证及格的情况下满足出国、读研等各种需求；在业余生活中，有的大学生交友、上网、看韩剧是主业，学习是副业；在毕业后，有的大学生失业不从自身找原因，完全归结为国家和社会的责任。这些不合理的做法和主张，亵渎了大学生受教育权设立的本意。权利虽然包括个人的利益要求，但绝不仅仅个人的利益诉求就等同于权利。个人要求如想成为权利，必须履行法律规定的受教育者的义务，而且义务必须是具体的、可操作的。大学生受教育的权利和义务关系不仅仅是学校和学生的关系，还包括学生与学生、学生与社会互为条件、互为依赖、互为责任的关系。大学生随意扩大权利，曲解了大学教育的宗旨是培养社会所需要的合格的接班人和建设者，严重影响了社会秩序，同时大学生的良好形象也受到影响。

其二，大学生缺失义务意识，不能自觉履行义务。随着民主、法治进程加快，国家通过一系列法律、法规和规章，完善了大学的教育制度，大学生的主体权利意识明显增强。但是，大学生对于法律、规章所规定的义务条款知之甚少，有些大学生甚至不愿意去了解、学习大学生应该履行的义务条款，甚至还发生过逃避应尽义务的行为。很多大学生出现过考试不及格达到学校退学规定时，才知道学校规定标准的情形。我们曾经对大学生作过调查，大学期间最不满意的学校行为有哪些，排在前面的有，上课老师点名、晚上上晚自习和早上出操，学生们认为学校和老师的做法限制了他们的人身自由和权利。大学课堂上老师为什么点名？大学生翘课现象已经成为时尚，这一问题固然有教育者的责任，但是学生们不上课不是通过别的方式在学习，而是还是睡觉。晚自习为什么上？互联网发展既给人们带来方便，但是也存在消极作用，有些学生在寝室看电视剧、玩游戏通宵达旦。为什么出早操？我们的生活质量提高了，学生的身体素质却在下降。这些是大学生为国家、社会和个人所必须履行的义务，他们却不能自觉完成。大学生的义务意识缺乏，对社会的责任感淡漠，把家庭、学校、社会和国家给予他们的经济资助当作理所应当，拒绝履行应尽的职责，有些学生拿学校、家长给的助学金、资助金和生活费理所当然地去高消费，美其名曰"这是生活"，还认为学校、家长的一切都应为他们的主体权利而存在。大学生义务理念的缺失，不能自觉履行学校的各种规章制度，扰乱了学校的正常教学秩序，增加了社会、学校办学的成本和风险，培养出来的大学生缺少奉献精神，很难处理好国家利益和个人利益的关系。

第三节　大学生主体权利的实现路径

一　促进大学生主体权利实现的高等教育行政的政策完善

（一）以大学生主体权利建造教育关系和教育秩序，实现权力制度优化

以大学生主体权利建造教育关系和教育秩序，就是对以学生为本的最好诠释。大学生主体权利，一方面是现代教育文明价值的基本载体，另一方面也是实现这种价值的技术工具。在教育关系与教育秩序的建构上，能够实现价值与技术的完美统一，大学生主体权利无疑是最佳的选择。特别是高等教育以尊重和保障人的尊严为主要价值来确定教育秩序和安排大学生的学习生活，因此，除了用大学生权利来回答"钱学森之问"，似乎找不到更为恰当、合理的选择。所以，通过大学生主体权利来构建每个大学生都享有尊严的教育体制和教育秩序，是中国权利理论在高等教育领域的实践。

通过大学生主体权利对人类行为的正当性进行阐释。假设大学生的行为必须符合正当性，而这种正当性，既需要法律上的支持，也需要道德上的支持。那么要展开这两个层面的阐释，就必须依靠大学生主体权利这个关键概念。在大学生权利理念及其相关制度下，所有行为主体的行为既要合乎伦理观念和道德意识，也要合乎法律规范。否则，逾越大学生主体权利的行为，便可以被确认为不正当、不合法。大学生、教师、其他教育工作者等个体是如此，国家、教育行政主管部门、学校更是如此。教育合法性的重要内涵之一，就是通过行政权力、学术权力尊重和保障大学生的主体权利。对大学生主体权利的尊重和维护，应当是教育工作者和国家、教育主管部门、学校行为正当性的一个主要衡量标尺，也是大学生主体权利最为根本的概念担当。只有这样，才能将各种行为

主体的正当性和大学生的尊严融入权利之中。因此，保障大学生主体权利是各种主体行为的目的。

通过大学生主体权利来塑造大学权力关系。大学生主体权利对权力体制及其实践的塑造，是指大学生主体权利的实现，要求确定各种权力的边界，捆住权力可能出现的恣意妄为，从而形成正当、合法的权力体制和权力秩序。在法治中国的大背景下，权力上的政治关系转变为法律关系即政府权力的法律化、规范化，而所谓的法律关系，就是权利与义务关系。据此，通过大学生主体权利的逻辑与方式、大学生主体权利的话语和规范结构、大学生主体权利的义务模式，来思考和建造大学外部治理和内部治理的各种权力关系，可以算作当今大学治理的首选之策。我国大学外部治理经历了政府治理，市场治理和政府、市场、社会共同治理的发展过程，内部治理演绎的是政策主导下的完成大学任务的权力配置模式，于是经历了行政权力"下沉"与学术权力"上移"的过程，形成了行政权力与学术权力同时"下移"的格局。这些治理都是在高等教育政策主导下进行的，如果坚持以保障大学生权利为本，这些权力关系将被确认为大学生主体权利的权利与义务关系，也将是高等教育行政领导管理模式发展的趋势。

通过大学生的主体权利来达成以大学生的尊严、民主、公正为目标的教育秩序。任何国家、任何社会都需要秩序，但是并非任何一种秩序都是正当并且能够持续稳定运行的。政府对学校管理行政权力的集权与下放，学校内部的行政权力与学术权力的平衡与调试，都是完成大学使命的外在手段，这些手段与大学生主体权利相融合以确保大学生能健康成长，进而可更好培养社会主义法治所需的现代人才，实现人的尊严，社会的民主与公正。这才是正当的教育秩序，也只有这样的教育秩序才有可能使我们的高等教育在满足学生自身需要的基础上，然后满足社会的需要，实现人民满意的教育，否则，随着高等教育普及化进程的加快，教育质量、人才培养机制和人才培养能力的诉求将难以回应。

（二） 以大学生主体权利建造教育法律关系，促进高等教育行政法制优化

教育法律关系类型丰富、形式繁多，从基本类型上看，教育法律关系包括行政法律关系、特殊优位关系、拟制契约关系与契约关系。[①]

教育法中的行政法律关系，依据行政法的理念，必须有法律授权的基础。我国的公立大学，主要领导的任免和教育投入来源于政府，学校与学生管理的关系，教师与学生的教与学关系，公认的一个观点是学校作为法律、法规授权的管理者，教师作为主动的知识传播者，学生作为服从的被管理者，他们之间是一种不平等的法律关系，属于行政法关系范畴。对行政法律关系所引起的法律问题的审查，适用于我国《行政诉讼法》中的合法性原则，当涉及行政处罚有失公正时也适用其合理性原则。这种一般意义上的行政法律关系对于处理教育管理过程中的奖励和处罚问题，尤其是处理退学和开除学籍等影响学生重大受教育权益的问题，无疑具有重要作用。

特殊优位关系指学业评价与学术评价等可体现知识和专业上的优位，评价者享有专业上的判断余地，一般情况下不受司法审查。部分学业评价具有高度属人性，甚至属于"不可替代的决定"。[②] 这种优位关系体现了意义性知识和工具性知识的尊严，体现着学术自由的内在机理，也是人们特别关注的法律关系，法院一般不进行审查，也难以审查。与此同时，《高等学校学术委员会规程》等行政立法也予以确认，比如"学术自由"和"教授治学"原则，就是由这种特殊优位关系所引申表述的。由于此种特殊优位关系和行政法律关系并存，学术权力和行政权力之间

---

① 湛中乐、苏宇：《教育法学的理论体系与学科建设初论》，《北京师范大学学报》（社会科学版）2016 年第 2 期，第 18 页。

② 翁岳生：《行政法》（上册），中国法制出版社，2009，第 252 页。

就有了一种相当复杂的关系。只有特殊优位关系和行政法律关系与大学生主体权利相结合，才能承载大学自治和治理的制度性安排。

契约关系除了学校聘任教师、采购物资、签订科研协议等外，还包括学校与学生之间存在的一些非严格意义上的拟制契约关系，这种契约关系可以有效地解释学校的保护义务及附随义务，也可以解释学校要求学生遵守规章制度的正当性基础。"在社会主义市场经济的今天，无论是公立学校还是私立学校，上大学交学费均是一个不争的事实。四年大学下来少则几万元，多则十几万元。从学生权利意识出发，学校并不是在所有场合都是以行政主体的角色出现，很多时候是以民事主体的角色出现，特别是学生缴费上学后，教育也是一项服务，学校为学生提供学习生活的条件与环境，正是在履行其服务提供者的义务；另一方面，学校的管理权限并不是概括性支配、命令权，如学校对学生的人身权并没有概括性的支配权，学生也没有一定要全部接受和容忍的义务。高等学校与学生是建立在平等、自愿基础上的提供服务和接受服务的法律关系，二者之间是一种平等的权利义务关系，在私立学校服务与被服务的关系更为突出。与此同时，在某些高校，学生给老师做助教，搞课题，老师给学生发工资，学生跟老师已经不叫老师而叫老板，形成了事实上的服务关系。"①

多重的教育法律关系，为未来教育法制和教育法学提供了努力的方向，应以全面提升师生权益的法律保障为基点，构建中国教育行政立法。

（三）加快《大学生主体权利保障法》制定，促进高等教育管理制度优化

确认、完善、实现大学生主体权利，是国家对权利体系承担的基本义务，其目的在于承认大学生的主体地位，发挥在教学工作、科学研究

---

① 张振芝：《论大学内部治理结构中学生主体权利》，《党政干部学刊》2013 年第 3 期，第 27～30 页。

和服务社会过程中的基本作用，充分实现大学生的主动性、积极性和创造性。依据马克思社会权利观、人的自由全面发展理论和高清海人的主体性哲学基础，从理想到现实的运行规律，大学生作为特殊的群体，其主体权利可以归结为：应有权利（道德权利）、法定权利、现实权利（权利能力）。

首先，确认应有权利，激发大学生科学研究的创造性。应有权利是指在特定时期，人们基于一定的生产方式和文化传承而生成的权利要求，是权利的初始形态。这种要求包含两层意思：一是虽然没有法律确认，但是它实实在在地构成了法定权利的价值基础；二是这一价值基础的权利是合乎道德性的，否则不能成为应有权利。如大学生在道德生活方面的权利和法律没有规定的权利。

大学生作为高等教育的特殊主体，他们的科学研究权、理论创新权是在实现国家富强、民族复兴伟大战略中因个人的实际地位而得到的自然结果，而这种结果需要通过国家这个中介，使"应有权利"上升为"法定权利"。马克思主义认为，立法的目的不是限制自由和权利，而是保护自由和权利。法定权利不仅强调大学生在行使权利和自由时应承担更多的社会责任，而且还强调国家负有积极行动的义务，充分保障大学生实现权利和创新自由。中国改革开放的伟大实践为科学理论的创造、繁荣提供了广阔的空间和动力。在全球治理背景下，和平与发展是重大问题，世界各国尤其是发展中国家期盼着中国的方案，因此社会承认大学生的应有权利，是创造宽松的学术环境的前提，国家确认这些权利，使其上升为法定权利，也是为了更好地保护它们。良好的教育只有实现了人的权利，才能激发大学生的主动性、创造性，才能产生权利主体的自觉性，才能形成研究、创新，再研究、再创新的良性学习氛围。

其次，完善法定权利，发挥大学生的积极性、主动性。大学生主体权利通过一系列综合法律法规得到体现，由于这些法律、法规全方位侧重于国家、教育和高校，对于大学生主体权利的内容、实现的意义、作用只能作宏观的指导，微观操作尚难以实现。

改革开放以来，我国在繁荣、发展自然科学研究中，立法建章较为完善。1984 年颁布《中华人民共和国专利法》，并于 1992 年、2000 年、2008 年进行修订；1993 年颁布《中华人民共和国科学技术进步法》，并于 2007 年修订；1996 年颁布《中华人民共和国促进科技成果转化法》，并于 2015 年修订；2002 年颁布《中华人民共和国科学技术普及法》。这些法律成果为大学生的科学研究权、成果发表权提供了保障和技术支持。如果我们在自然科学、社会科学领域中对涉及大学生主体权利的有关内容给予系统归纳、整理，制定《大学生主体权利保障法》以实现大学生主体权利的规范化和科学化，则既可以完善权利意识、用权意识，使大学生充分认识自己的权利及其在科学研究和发展中的合理运用，进而保障大学生权利与义务、权利与责任、权利与使命相统一，又可以形成大学生自身良好的法律素养，使我们的高等教育改革找到落脚点和突破口。

最后，运用现实权利，充分展现大学生的主体性。"在高等教育由精英教育步入大众化教育阶段，接受高等教育不是荣誉的象征，而是一种消费，作为接受服务的高校学生不仅是教育的公共产品，也是教育服务的对象，学生作为活的产品存在，具有较强的能动性。"① 所以，大学生主体权利是学生作为主体参与学校管理的权利，这些权利既是大学生的有效表达，也会对管理决策产生较强的影响。

大学生对教育改革和发展是不可忽视的生力军，他们是善于发现问题、提出问题的践行者。面对打造人类命运共同体的世界视角及世界需要中国方案的历史使命，特别是习近平总书记在多次讲话中明确高等教育的发展方向，大学生被寄予了厚望。作为享有知情权、选择权，关注

① 张振芝：《论大学内部治理结构中学生主体权利》，《党政干部学刊》2013 年第 3 期，第 31 ~ 34 页。

自治权、决策权的大学生，参与决策是权利价值的最高表现形式，是从应有权利到法定权利的推移，以及从可能性向现实性的演进。这一过程既是权利概念在逻辑上的过渡，也是社会主体执着追求的历史必然结果。[①] 自治权、决策权构成了大学生权利的法治基础，法律在规定权利的同时提供了从法定权利转化为现实权利的各种手段和资源；法治的价值之一即表现为人在很大程度上的自由自主。自治权、决策权作为现实权利可成为一种重要尺度，衡量法制的水平、质量。自治权与决策权是个体与社会统一的表现，在现实社会生活中，社会实际赋予个体多大的社会责任与个体作为主体拥有多大程度上自由自主的活动范围之间具有统一性。

发挥大学生主体地位的作用，必须加强话语体系建设，长期以来我国高等教育在国际舞台上的声音很弱，处在有理说不出，说了也没用的尴尬境地。可通过参与、自治先发出不同声音，然后凝练，进而打造国际能够理解的概念；也可通过决策紧密接触社会和其他行为主体，打造掷地有声的高等学校品牌，使中国化的马克思主义高等教育不仅引领中国的伟大实践，也去引领世界各国的发展。

（四）以受教育权为核心，从立法、执法、司法和守法角度完善高校法治运行机制，促进高等教育法治政策优化

在全面依法治国的背景下，我们应遵循教育规律、法治规律，在立法、执法、司法和守法四个环节不断创新，探索适合高等教育发展的权利义务体系，培养符合社会发展的合格人才。

首先，在立法上以大学章程为核心，明确大学生受教育权与其他权力的关系。大学章程是大学的"宪法"，所体现的法律价值是正义、自

---

① 程燎原、王人博：《权利论》，广西师范大学出版社，2014，第348页。

由和秩序。章程的正义是制度的正义，是通过制度安排实现的正义。①
在这种制度安排下，大学章程应体现权利的目的性及义务的可操作性，
明确行政权力、学术权力与学生受教育权间的关系。在涉及学籍管理、
校园秩序、奖惩和授予学位时，这些管理权的行使很容易与学生的受教
育权产生冲突。学籍管理方面的法律法规已有明确规定，我们应注意适
当引导和学习，加深印象，防止忽视；校园秩序管理方面的法律法规尚
没有明确规定，我们应在发挥教师、学生参与权的基础上，在大学章程
中提出，在学校的具体规章制度中保证；惩罚是学生受处罚的主要根源，
也是学校管理与学生权利间的主要矛盾，我们应建立完善的申诉制度和
诉讼程序，保证救济程序畅通；学位授予也是目前的焦点，关于学位授
予的主体、标准、程序和救济，我国的法律、法规已相当完善，但是，
不同水平学校的学位价值并不相同，大学章程应该在遵循法律法规的基
础上，明确学位权是学校权力，学校也应根据自己的学术水平和学生的
实际状况制定合理的学位和授予体系。学校行政主体地位的确立，并不
意味着学生绝对处于被管理与被支配的地位，大学生可以通过程序或实
体权利对抗高校管理权的不当行使，但是，高校合理、合法管理权的行
使大学生必须执行，不能无原则地沉默和抗衡。自由在法律视野中是权
利与义务的糅合。法律的目的不是限制自由，而是扩大和保护自由。②
通过大学章程明确大学生权利与义务的维度，以最大程度实现大学生受
教育权利和义务的平衡发展。

其次，在执法上关注法律的主体性和教育性。法律的主体性强调的
是法律的价值导向，大学生作为法律的主体，与一般的公民不一样，比
如大学生有发展性，发展性是大学生的本质。发展可能不是一个公民最

---

① 湛中乐：《通过章程的现代大学治理》，"大学治理与大学章程"学术研讨会，2011 年 3 月
27 日，第 11 ~ 13 页。
② 孙霄兵：《加强教育法学学科建设》，《中国高等教育》2014 年第 17 期，第 18 页。

核心的本质，但对于大学生来说，却是毋庸置疑的最核心的本质。他们是流动的人，可塑性很强，所以对他们的受教育权滥用、学术造假等问题进行严惩的同时，遵循人的发展规律和教育规律，多给学生一些爱，使大学生通过内因发生变化，深刻认识、充分觉醒，再寻找一下学校、教师的责任，反思一下产生这些问题的外在原因，以便内外结合处理好大学期间的各种法律关系，使大学生的身心健康得到发展。

法律虽然是刚性的，但是在大学生受教育权这一点上，教育性更为重要。古代的法律注重法的精神性、道德性、价值性和教育性，大学生受教育过程具有柔性，义务履行完全靠硬性标准很难实现；随着资本主义的发展法律越来越追求利益和权利，在合法的情况下，超越道德的行为越来越多，正如 1878 年德国著名法学家耶利内克所讲，法律是最低限度的道德。所以，在受教育权这个问题上，不只要关注法律执行的强制性，更要关注大学生的思想觉悟、思想价值，促进他们精神发展，并赋予法律教育和引导方面的意义。

再次，在司法上保证程序的有效性。大学生的受教育权是宪法赋予公民的一项基本权利，但在现实的司法实践中，大学生在受教育权受到侵犯时很难得到相应的法律救济。大学生的受教育权涉及两方面的法律关系，一方面是平等主体的法律关系，另一方面是不平等主体的法律关系。平等主体之间受教育权的纠纷，可以通过民事诉讼程序解决；不平等的主体的法律关系作为行政相对人提起行政诉讼时，则会受到自身义务本性、学校权力本性的影响，大学生受教育权的现状使权利义务的内在复合性受到质疑。所以，应承认宪法基本条款的司法效力，设立宪法法庭，扩大行政诉讼法的受案范围，使大学生的受教育诉求得到应有的救济。与此同时，为了保证大学生受教育义务的自觉履行，应设立大学生听证制度、受教育权的仲裁制度和学校、教师、学生三位一体的调解委员会制度，从而充分彰显大学生的自我管理意识，让他们在救济制度中领会义务教育主体和受教育者不正确履行权利的后果和危害，最终达到自我觉醒、自我教育的目的。

最后，在守法上形成正确的权利义务价值观。遵守法律，不仅正确行使权利，也须正确履行义务。大学生的受教育权是权利和义务的矛盾与统一。在依法执教的今天，大学生担负的历史使命任重道远。大学生受教育权的权利和义务不是单方面的需求，它们相互依存、不可分割，处在一个统一体中。绝对权利和绝对义务的观点都是对大学生受教育权的误读。国家既然赋予了大学生受教育权，我们也必须履行受教育的义务。作为合格的大学生，不应为了自身利益不受侵犯而逃避履行义务的职责，应树立正确的法治价值观。正确的价值观可对大学生的权利义务观起到良好的规范作用。在大学期间，应通过各种教育活动，宣传法治思想、法治精神，使学生懂得国家利益至高无上，当国家利益、社会利益与个人利益发生冲突时，无条件地服从整体利益，避免权利扩大化和出现功利主义。实现教育正义的目标。教育正义作为终极性的教育价值理念，对教育公平、公正等体现出包容性与超越性，应将教育正义重新界定为以促进个性自由全面发展为核心的，调节人与人之间教育关系的规范体系，最终实现大学生受教育权与受教育义务的协调均衡发展。

二　促进大学生主体权利实现的教育措施

（一）高校相关行政组织及工作人员依法行政保障大学生主体权利

依法行政就是根据法律、法规授权行使权力，就是按照既定规范来办事。高校相关行政组织要注重大学生的意志，根据一定时期大学生的根本利益和长远利益来行政，按照教育所公认的价值体系或学生准则来行政，按照某一时期所公认的正当性和所能接受的理性来行政。依法行政，将有利于实现民主，有利于提高办学质量，有利于克服教育的随意性并增强时效性、降低风险性。

依法行政不能仅仅被理解为依法行政，无法就不行政；依法行政并非仅仅是用法来治理学生，崇尚长官行政意志。要把握高校相关行政组织及其工作人员的依法治教和依法治校，至少要做到以下几个方面。

准确地把握行使权力的依据。这一要求是由宪法所确定的民主原则和法治原则引申而来。根据民主政治和主权在民的思想，国家大事应当由人民直接或由人民选举出的代议机关作出决定，人民是行政权的最初和最高授权者。根据法治理念，国家和人民的关系应当由法律加以界定，而不能由行政机关进行界定。因此，任何行政权力，尤其是影响行政相对人权利义务、自由利益的行政权力必须取得合法有效的规范依据。这些规范依据要具备的条件是：一是宪法、立法法和其他相关法律的规定，特定的法律规范对某种行政职权设定了权力；二是授权规范与更高层级的合法有效的规范不抵触，与合法有效的同级规范不冲突，且内容无明显的不当之处；三是法律规范的产生符合立法法等法律法规规定的程序，没有违反正当的立法程序规则。

严格地遵守有效规范。法律必须也只能通过法律实施权即行政权和司法权来实现目的。行政权是行政管理的动力和保障，行政主体如果没有行政权力，便难以完成行政管理的使命、实现教育管理的目标。教育行政权既可以用来为学生谋取幸福，也可以用来谋取私利；它既可以被正当行使，也可能被滥用；它既可能对高等教育改革产生积极的推动作用，也可能制造阻碍。教育行政权的二重性决定了必须对其进行规范控制，它必须由立法权所产生的法律来约束，也即所谓的"法律优先原则"。其基本内涵是以法律形式出现的国家意志优先于所有以其他形式表达的国家意志；法律只能以法律形式来废止，而法律却能废止所有与之相冲突的意志表达或使其根本不起作用；行政行为如果与合法有效的规范相冲突，原则上不应具有效力而应予以纠正，并受到违法的评价或确认。

大胆地实行规范管理。依法行政不等于以法行政，但是以法行政是依法行政的基础和初始要求。通过制定规范来进行行政管理是宪法和组织法赋予行政机关的一项基本权力。相较于单纯的行政命令和领导人的个人意志，规范化的管理可以增强透明度和可预见性。从一定意义上讲，制定规范就是权力自限，就是限制自由裁量权。当然规范管理一定要注意规范的民主性、科学性、合法性和可适用性。

认真地对待大学生主体权利。大学生主体权利包括私法上的权利和公法上的权利。私法上的权利可以表述为大学生为自己利益而相对于他人所拥有的有限的意志力。[①] 公法上的权利可表达为大学生相对于公权力的影响力。大学生主体权利既是大学生立身之本，也是行政权力的法定边界；保护大学生的主体权利既是法律的基本内容，也是法律的基本职能；保护大学生主体权利既是公权力得以成立的基本动因，也是公权力的主要价值所在；大学生为了实现自身利益而争取权利，也能够为法律的有效适用作出贡献。保护权利是确保法律实施的最强大动力，个人合法权益的实现同时也将有助于教育公共目的的正确实现。

（二）发挥大学章程的作用，促进大学生主体权利落实

大学章程是"组织法"，更是"权利法"与"程序法"。[②] 大学章程是在国家的法律框架下，对举办者的权利与义务及大学教职工和学生的权利与义务作出规定。它解决了法律、法规对大学生主体权利规定的缺失与操作性问题。

大学生主体权利缺失是大学治理结构失衡和无法有效提高教学质量的关键。我国现行法律和法规对学生权利的规定不尽如人意。1995 年 9

---

① 〔德〕奥托·迈耶：《德国行政法》，刘飞译，商务印书馆，2002，第 109 页。
② 郑永安、王静：《从法律视角看高校管理权与学生权利关系》，《西北工业大学学报》2010 年第 3 期，第 12～14 页。

月 1 日起正式实施的《中华人民共和国教育法》第四十二条规定了受教育者享有的权利：（一）参加教育教学计划安排的各种活动，使用教育教学设施、设备、图书资料；（二）按照国家有关规定获得奖学金、贷学金、助学金；（三）在学业成绩和品行上获得公正评价，完成规定的学业后获得相应的学业证书、学位证书；（四）对学校给予的处分不服向有关部门提出申诉，对学校、教师侵犯其人身权、财产权等合法权益，提出申诉或者依法提起诉讼；（五）法律、法规规定的其他权利。这些权利的规定表明学生作为权利主体要么接受、享有教育权利，要么在完成学校的教学计划和教学安排后可获得公正评价与物质保障；要么在学校、教师侵犯其人身权、财产权等合法权益后，可提出申诉或依法提起诉讼。所有的权利都因学生作为被管理的对象而享有，不是因学生属于法律主体而享有。

大学生主体地位和权利内容过于形式化。大学的内部治理结构无论是党委的领导权还是校长的行政权，无论是专家的治学权还是教师的参与权都已从法律层面作了较为可行的规定。1999 年 1 月 1 日起正式实施的《中华人民共和国高等教育法》第三十九条规定："国家举办的高等学校实行中国共产党高等学校基层委员会领导下的校长负责制。"第四十一条规定："高等学校的校长全面负责本学校的教学、科学研究和其他行政管理工作。"第四十二条规定："高等学校设立学术管理委员会。"《教师法》在第七条中规定，教师可对学校的教育教学、管理工作和教育行政部门的工作提出意见和建议，也可通过教职工代表大会或其他形式参与学校的民主管理。因而，只有学生的主体地位和权利内容尚不明确。《普通高等学校学生管理规定》第四十一条规定，学校应当建立和完善学生参与民主管理的组织形式，支持和保证学生依法参与学校的民主管理。学生民主管理的机制和具体的权利是什么？学生又该如何参与教学管理和生活管理？高校及其内部机构管理不规范和行政法规的笼统性与不可操作性并存，高校依法享有自主办学和自主管理权，学生同时依法享有参与权，这就使二者有产生冲突的可能性和现实性。

大学章程要凸显"学生利益相关者优先"的理念。一方面，出于大学章程的法律性质，有的学者认为它是大学法人的自治纲领，是大学设立者就大学法人的重要事务所作的长期性和规范性安排，体现了强烈的自治色彩，是大学办学的自主权和依据。另一方面，有的学者认为它还是沟通"国家意志"和"大学意志"的桥梁。

保障大学的自主权，提升学生在大学治理权结构中的地位十分重要。一方面，大学是培养人的地方，它培养的不是简单意义上的经济人，而是社会人。另一方面，学生是大学治理结构中最被忽视的权利主体。因而要从大学章程上确立学生群体的参与权，即陈述权和决策权；要分步骤地给予学生对专业、课程、教师、修业年限与方式等的参与权，开辟有效的法律救济途径，保护学生的合法权益，进而才能真正体现大学的人文精神和人文关怀。大学章程也会明确学生陈述权和决策权的范围。学生个体作为大学教育的消费者，其活动特征是进行个人选择，即追求个人利益的最大化，这直接表现为尽可能地获得优质的教育资源，个人尽可能地获得完善的全面发展。

要实现大学章程对人的价值的尊重就必须确保学生表达权和选择权的范围：从学生事务方面的学生思想政治工作方式、方法，学生的宿舍管理与后勤生活保障，学生奖学金、助学金及贷款的评选与发放，学生的评优评奖到学生工作部门和机构政策的出台；从课程教学方面的人才培养机制的制定与修订，课程的设计与安排，专业的选择与调整，教学管理的实施到教学质量的监控；从人事方面的教师的教学过程与质量的影响，教师的选择与选拔到对其他管理服务人员工作的评价；等等。还要通过大学章程充分体现学生主动决策权和陈述权的权利范畴，让权利意识上升为权力功能，才能形成真正意义上的主体权利。只有这样，大学治理结构的权力制衡才会真正落到实处。[1]

(三) 强化德育自治，实现大学生主体权利由理想向现实转化

强化大学生的德育自治。自治方式对法治作出回应将有助于从根本上推进现代大学制度的建立。综观当前我国的学校德育工作方法，大多还是老一套死板而缺乏生机的道德说教模式，过于强调道德环境的外部制约，过于看重道德的惩戒，缺乏对道德情感的激发和对道德行为的锻炼，从道德哲学和道德发展的心理学层面讲，这存在很大的弊端和缺陷，不可能实现德育的本真诉求和理想价值。在当今市场化理念和网络时代的背景下，德育必须直面不断变化的更加困难的现实，改变传统的德育模式，引导学生发挥自主性、能动性，积极进行自我管理、自我教育，实现自我升华，并行使德育的自治权。

大学生德育自治就是学生组成团体，自主自觉地实行管理自己并改造自己的实践活动，是大学生自由自觉的活动的体现。正如陶行知先生所云："一国当中，人民情愿被治，尚可以苟安；人民能够自治就可以太平；那最危险的国家，就是人民既不愿被治，又不能自治。"[2] 学生渴望的这种自由精神，最需要的就是给他们各种机会，使他们运用自治能力约束自己的欲望。从培养人的原则来看，学校制定了规则，但还必须经常运用这些规则，只有这样，习惯才能成自然。

学生自治可以说是修身伦理的实验。在各种基础知识教育中，无论是物理课，还是化学课都有实验环节，其他课程即便没有实验，也有实习，目的就是通过实验实习加强理论同实际的联系，塑造自我能力，并继续深造。道德类的课程，很少有实践的机会，即便是开展过一些社会实践，也是在看别人怎么做，而不是自己亲自做。所以，嘴里讲道德，耳朵听道德，眼睛看道德，而所行所为不能合乎道德的标准，无形中就

---

① 张振芝：《论大学内部治理结构中学生主体权利》，《党政干部学刊》2013 年第 3 期，第 34 页。
② 陶行知：《中国教育改造》，东方出版社，1995，第 21 页。

把道德与行为分开，如果思想与行为真正统一起来，学生最需要的操练就是自治。自治可以养成学生对于公共事业的主动兴趣，可以养成担负的能力，还可以养成明了的判断。学生自治能适应学生自身的需要。无论国家制定法律，还是各级政府制定规章，抑或学校制定各种章程，均不免会在教育过程中与学生产生摩擦。学生在不同年龄阶段，随着客观环境的变化，他们的自身感悟和外在规则所起的作用有所差异。在适当的机会和场合，充分发挥他们的参与权，甚至给予一定的决定权和管理权，让学生自己治理自己，产生切肤的感受，不是只有到犯了罪时才知道有法律。如果参与立法，那么法律自始至终都在影响学生，所以，自己参与的事情的影响远远超出外在的强制。自治行为依赖于权利的获得和适用。学生的自治权也可以表现为学生因成立学生自治组织而拥有的权利与权力，它是一种在学校内部，经过多数学生认可或默示的，符合相关法律法规并独立自主行使的权力与权利。

传统的德育模式采取的是"他治"的教学方法，这给学生的道德内化制造了困难，既不能形成自己的道德观念也有可能做出不道德的行为。所以，这就需要自治，在德育的过程中由学生发挥自主性，进行自我教育、自我管理和自我服务，提升自身的道德修养。这是自我层面的德育自治。学生的自治权实际上是通过"学生自治章程"来体现的。从权力的性质看，它是学生作为群体的一项公权，由学生自治组织来行使，而非私权，个人不能行使。它的本质属性是学生群体内的合法自主的权利与权力。学生的德育自治具有以下几个特征。

第一，权利性和权力性。这是说学生德育自治的自治权既是权利也是权力。权利可以理解为社会经过权衡、协调和界定而认可的有一定保障的利益，而权力则是参与权衡、确立和保障权利的能力。① 学生德育的自治权作为权利是得到社会认可（一般由法律条文或学校规范性文件

---

① 漆多俊：《论权力》，《法学研究》2001 年第 1 期，第 20 页。

的形式加以规定）并有所保障的学生利益，而高校学生的自治权作为权力则是学生主张、保障、实现学生自治权利的能力。因此，高校学生自治权的权利性和权力性之间的对应关系较为明显，即高校学生拥有学生自治权利，这种自治权利通过学生自治权力来主张、保障、实现。

第二，自主性。这种自主性表现为两个方面：就外部而言，德育自治权是不在外部力量干涉和强迫的情况下行使的一种权利；就内部而言，指的是学生群体的自治要建立在学生个人自主的基础上。这就要求广大学生能自主地参与和自己有关的道德事务，同时团体中的德育自治也必须坚持自主性，决不能搞专制，没有自主性就没有真正的自治权。

第三，教育性。德育自治权的教育性指的是自治权行使的最终目的是为了促进学生道德品质的发展，无论是在思想政治上、学习上还是在其他各种能力上，学生的自治权都要体现教育意义，而不仅仅是参与某种权力或获得某种权益。赋予学生自治权，就能给学生提供充分的亲身体验和学习为人处世的机会，这正是一种独特的教育方式，这也是学生的德育自治权区别于其他自治权的独特所在。

（四）学校借助国家、社会的力量确保大学生体育权利的实现

社会权利本位视域下的行政适度干预。从价值意义角度看，权利和义务并非没有主次，初期世界各国都先确立了义务本位，到了 17 世纪商品经济的发展及资产阶级作为独立力量登上历史舞台后，人们才找到了"天赋人权"的理论武器，再加上西方学者的大力宣传，权利本位油然而生。但是，这个时期的权利观念主要是个人主义的权利观。正如法国的《人权宣言》所回答的，法国革命是为了解放个人、保障个人的权利。"个人系法律之出发点，亦系法律之归着点，故保护个人权利（尤其所有权）之私法乃是法律之中心，公法仅为其附庸。"[1] 这种极端的个

---

[1] 韩忠谟：《法学绪论》，中国政法大学出版社，2003，第 155 页。

人主义在法律上就表现为个人的权利本位，将个人的权利本位置于国家权力之上。正如罗尔斯所说："每个人都拥有一种基于正义的不受侵犯性（的权利），这种不可侵犯性（的权利）即使以社会整体利益之名也不能逾越。"① 在经济全球化的今天，教育治理正向多元化发展，因此完全依靠个体权利谋求主体地位的平等，是弱势主体仅靠自己的能力和努力根本无法实现的，必须借助国家的干预。

我国大学生体育权利从提出、立法到今天的实践经历十几年，无论是大学生权利思想还是大学生行为都没有实现预期目的，大学生权利体系建立在社会权利本位之上，学校行政权力适度干预可谓明智之举。在全面推进依法治国、依法治校的背景下，大学生个人权利与国家权力相辅相成、对立统一。国家并没有制定相关的法律、法规来制约个人全面发展自由的权利，但国家为了实现人力资源强国梦想，让大学生接受最低限度的体育素质教育和身体合格标准并没有违背这一原则，相反在一定程度上能够更好地促进个人全面发展。对于大学生体育权利的主张和要求，不能仅靠个人能力和努力来实现，只有借助国家的干预，才能保障大学生这一特殊群体生存发展的尊严。

明示社会责任视域的义务。如果说社会权利本位视域下行政干预是宏观调控，那么义务明示就是微观调节。纵观我国《宪法》、《体育法》、《教育法》以及《普通高等学校学生管理规定》、《学校体育工作条例》，在立法技术层面上，它们对权利的内容具体明确，对义务的内容高度概括，增加了履行的难度。而在现有相关体育的法律及条例上很难找到有关大学生体育义务履行的规定，大学生体育义务的研究更是无人问津。

义务不仅是伦理学研究的概念，也是法学关注的核心。法律义务是设定或隐含在法律规范中，实现在法律关系中，主体以相对抑制或不作

---

① 〔美〕罗尔斯：《正义论》，何怀宏等译，中国社会科学出版社，1988，第1~2页。

为的方式保障权利主体获得利益的一种约束手段。[1] 这种手段具有强制性、必要性和不利性三大特征。我们应如何发挥义务规定的作用，体现其特征？

面对大学生身体素质不容乐观的现实，本着对国家、社会和大学生负责的态度，应借鉴《义务教育法》，通过制定《大学生体育义务履行条例》明确规定大学生的体育义务。根据现代法治精神，权利是可以推定的，但义务不能随意推定；权利义务又是功能互补的关系，权利直接体现法律的价值目标，义务保障价值目标的实现，法律总是以确认和维护某种利益为价值取向并且以权利宣告的方式来直接展现，因而义务的设定就非常重要，义务能够指引产生确定的结果，如果按照现行体育法规笼统地规定国家、学校的义务，却不对大学生自身的义务作出规定，体育权利就只能停留在法定权利层面，无法成为现实权利。

实行大学生定期体质健康测试，以明示方式公布结果将督促学校和学生履行体育义务。大学生身体健康状况不仅关系自身发展，也关乎国家未来的发展，决定一个民族的兴衰与成败，所以要引起社会的关注、个人的重视。就学校而言，应定期公布大学生体质健康状况，这样学校就会在体育设施、体育教师配备的充分性与规范性及体育课、体育课外活动时间的合理性和科学性上下功夫，充分履行它们的义务。就大学生而言，应树立自己作为体育义务主体的思想。而且学校还应根据各年级学生的特点，确定不同体质的健康标准体系，并设定权重系数作为评定奖学金的基本条件，从而实现当体育活动时间与休息权、劳动报酬权发生冲突时，宁愿做出牺牲，放弃权利，也要履行义务价值标准。

权利视域下的体育权利信仰。重视法治和人权的国家，法定权利一定要转化为现实权利。"现实权利是权利运行的终点，又是新权利运行

---

① 张文显：《法理学》，高等教育出版社，2011，第94页。

的起点。"① 法定权利只有转化为现实权利，才能再现生活事实。

利用学校网络资源，宣传体育法律，提升大学生认知度。《中华人民共和国体育法》第三章在学校体育中规定了学校体育教育是人全面发展的一部分，学校要开设体育课，创造课外活动的物质条件；学校要聘任合格的体育教师；学校要建立学生体格健康检查制度。各个高校遵循了法律规定，都开设了体育课，也提供了学生体育健身活动的场所和必备器材，这表明国家、学校对大学生体育权利非常重视。但是，作为受教育主体的大学生对自己体育权利的认知程度较低。体育课成为一种摆设，课余活动成为少数人的专利，运动会是各校特招体育特长生的竞技，更有甚者宁可长时间睡觉、聊天、看韩剧，也不愿意找适合自己的运动方式锻炼身体。所以应通过各种校园媒体资源，加大体育法制教育，让大学生充分认识到在竞争激烈的时代，有一个聪明的头脑，没有健康的体魄是无法担当国家大任的，体育权利的实现只靠社会的努力是徒劳的，大学生必须自己觉醒。

利用社团组织，发挥体育场馆的功能，培养大学生的体育兴趣。大学生的社团组织丰富多彩，是共同兴趣爱好的人的公共组织。应以各种社团组织为单位，通过举办体育沙龙，在体育场馆进行体育比赛，有计划、有目标、常态性地开展体育技能培训，从而使各种社会团体成员在相互交流思想、增进友谊的同时陶冶体育情趣，实现大学生的体育权利。

完善体育权利救济程序，保障大学生的体育权利畅通实现。"有权利必有救济，无救济则无权利。"大学生体育权利救济程序，主要包括申诉程序和行政诉讼程序。申诉是指大学生认为教育管理者的具体行政行为侵犯了其合法权益，进而向学校申诉委员会或其上级行政主管部门提出异议并要求重新做出处理的行为，是高校学生权利救济的有效程序之一。这个程序便于管理者和被管理者化解矛盾，解决纠纷。但是，程

---

① 张文显：《法理学》，高等教育出版社，2011，第96页。

序设计的实质是管理和决定的非人情化，申诉委员会要保持独立的裁判地位，严格参照诉讼程序执行回避制度，当保证中立难以真正落实时，必须借助行政诉讼程序。行政诉讼是指当行政管理相对人认为行政机关或法律、法规授权的组织的具体行政行为侵犯其合法权益时，依法向人民法院起诉，请求给予法律救济的程序。所以大学生体育权利救济把申诉作为诉讼的前置程序会更为理想。

三 促进大学生主体权利实现的大学生认识能力的提升措施

（一） 以人的尊严为视角提升大学生主体权利意识

《青少年法治教育大纲》是党的十八届四中全会在通过《中共中央关于全面推进依法治国若干重大问题的决定》，贯彻《国家中长期教育改革和发展规划纲要 （2010～2020 年）》及修订《教育法》和《高等教育法》后的一个重要抓手，是国家为了真正形成和逐步实现法治国家、法治政府、法治社会进行的有计划、有步骤的重要举措。

2004 年《中共中央、国务院关于进一步加强和改善大学生思想政治教育的意见》指出："学校教育坚持育人为本、德育为先，把人才培养作为根本任务。"① 习近平总书记在全国高校思想政治工作会议上发表的重要讲话中强调，要坚持把立德树人作为中心环节，把思想政治工作贯穿教育教学全过程，实现全程育人、全方位育人，努力开创我国高等教育事业发展的新局面。从 "育人为本、德育为先" 到 "立德树人" 的历史演进，使以人的尊严提升视角为大学生主体权利意识成为时代的必然。

尊严的初始之意是威严与神圣，主要是指人的高贵和神圣不可侵犯。现实的尊严是主体对自己尊重和被他人尊重的统一，即自尊和尊重的统一，义务和权利的统一。

---

① 《普通高校思想政治理论课文献选编 （1949～2006）》，中国人民大学出版社，2002，第202 页。

　　大学生自尊是大学生主体权利的出发点。随着高等教育普及化程度的提高和以教育为中心的利益相关者诉求的越发复杂，以义务为表现的自尊也有了特殊的意义。人是情感动物，大学生的情感是丰富的，源自自然本能的倾向虽然最为牢固，但这种倾向来自且受制于外界环境，尤其是学校的文化氛围和功能导向。教师的道德素养、科学研究精神，教辅人员的责任意识、任劳任怨的工作态度，这些品格义务即职业的自尊，可惜的是，它们未能转化为大学生追求知识、探索未来的强大动力和源泉，未能转换为大学生作为社会的接班人和建设者的历史使命的学习自尊。相反，在学习期间，学霸、学渣等词开始流行，社会上呐喊"沉睡中的大学生：你不失业，天理难容！"上课时，清醒的没有发呆的多，发呆的没有睡觉的多，睡觉的没有玩手机的多；下课后，学习的没有吃零食的多，吃零食的没有追电视剧的多，追电视剧的还没有玩游戏的多；考试时，甚至用现代化通信手段作弊。不能很好履行大学生学习义务的天之骄子们，拿什么回报国家、社会、家长？学习上不努力，放弃了自尊，又凭什么让别人尊重，谈何尊严呢？

　　大学生获得尊重是大学生主体权利的归宿。从人的尊严看，无论是苏格拉底的人格魅力、亚里士多德的道德思想，还是康德所认为的"人的尊严既非由国家，也不是由法律制度所创造并授予的，它所依赖的是人自身的主体性，所以，尊重是每个人应当享有的权利，而且优先于国家法律所规定的所有权利"。① 这也就是说，人获取的尊重权利是人坚持不懈努力履行义务的结果，属于权利概念形态论谱系中的应有权利，同法定权利和现实权利有着一道不可填平的鸿沟。同时，对于大学生来说，18～22周岁是青年期，如果把这一时期之前他们的自我意识看成是初步的、肤浅的、不成熟的、单纯着眼于表面的幼稚的话，那么青年时期由于智力和性机能的成熟，接受过学龄前教育、基础教育和高中教育的大

---

① 〔美〕乔治·恩德勒：《经济伦理学大辞典》，王森洋译，上海人民出版社，2001，第324页。

学生，他们对尊重的理解比之前要丰富和成熟得多。这种尊重不仅是对自己"善""恶"的评价与维护，也是作为社会特殊个体存在的价值和意义，还是高校这个系统内他们的地位，并能对这种地位产生作用。法治教育教学应克服义务为本的理念，崇尚尊重人的教育理念；明确大学生不仅享有法定的受教育权利，还与其他主体一样平等地享有科学研究、理论创新的应有权利，以及适度合理地享有对学校管理的参与权和监督权。我们应该努力营造一种激发大学生这一特殊群体的主动性、创造性、自觉性，充满学习、研究、创新，再学习、再研究、再创新的学校氛围。

长期以来我们的法治教育与宣传关注的是义务教育和惩罚教育，而不是权利教育与欣赏教育，因此在内容设计上不能着眼于大学生成长发展的需要，不能回应大学生密切关注的利益点，仅停留在一般意义上的法律知识传授上；在形式上则以灌输为主，即便是使用案例教学，也是那些时间较长、远离学生学习生活的案例，使学生感到不解渴以至不认可。所以，大学生法治教育变成了管制教育，而不是尊重教育。

人的尊严来源于自身不同阶段义务的履行和权利的获得，大学生法治教育只有以尊严为视角不断追寻自尊与尊重的统一，义务与权利统一，才能形成特殊主体的权利意识，而这也正是法治教育的切入点。

（二）以"规矩"为本明晰大学生主体权利的要义

"规矩"创设了大学生主体权利的制度环境。承认大学生在学校的主体地位，尊重他们的独立人格，不是放任，而是要充分调动他们的积极性、主动性，使他们早日成为全面发展的人才。俗语讲的好，"无规矩不成方圆"，大学生法治教育就是规矩教育，这种规矩表现为法律规范、道德规范与学校的规章制度。"规矩"可为大学生活的尊严创造一个好的制度环境，并培养和激发大学生的道德情志。法律规范让大学生懂得作为完全民事行为能力的人，他们享有完整的独立人格，在教育行政法律关系中不仅享有公民的政治权利、社会经济权利、文化教育权利和人格权利，还享有教育治理过程中的参与权与监督权。道德规范在大学生个体进入社会之时，即以道德滋养法治精神，从而唤醒大学生内心对法律的尊重，并培养大学生的内在自尊，以便更好地实践法律规范所赋予的权利，使大学生在复杂的社会环境中获得尊重。学校规章能使大学生在整个学习过程中，有章可依、有章必依、违章必究，有了这种切肤之感，也就易于理解、消化并转化为自觉的行为。

习近平总书记指出："坚持中国特色社会主义法治道路，必须坚持依法治国和以德治国相结合。法律是成文的道德，道德是内心的法律，法律和道德都具有规范社会行为、调节社会关系、维护社会秩序的作用。"① 因此，道德追求是高度标杆，而法治讲求的是底线正义。大学生在成长过程中，由于理性力量运用不足，当各种力量交织一起时，容易被向下的力困扰，因此，需要依靠法律强制力来确保道德的底线作用，发挥法律的规范作用，并强化法律对道德的促进作用。与此同时，以社会主义核心价值观为核心的道德教育也不可缺少，道德品质是大学生素养教育的核心。当大学生对法律规范、道德规范和学校规章有了应有的尊重时，便可体现法治教育的作用，也可体现大学生的内在自重与尊重的和谐统一，最终达到大学生法治教育的真正目的。

"规矩"是大学生获得权利的方式。法治教育的规矩是人获得尊严的最有效方式之一，它明确了人的权利和义务，同时对于侵犯权利、不履行义务还有相应的救济程序与制裁措施。但是，大学生法治教育的规矩并不是无条件的。规矩都是建立在一定经济基础之上，是反映时代发展利益的调和剂。

从人的尊严形成来看，法治教育的规矩与所培养的主体——大学生的尊严——不能等同，但两者是正相关的关系。有时代价值和符合大学生身心发展的规矩，不仅对拥有完整人格的大学生具有规范教育作用，

---

① 《习近平总书记系列重要讲话读本》，人民出版社，2016，第90页。

还有引领和熏陶作用。引领和熏陶是潜移默化的，这种作用对大学生内心世界的撞击是强烈的、持久的。良好的规矩能够起到润物细无声的作用，在大学生内心深处埋下自尊与尊重的种子，慢慢将尊严的法治理念沉淀于精神品格中，并且成为大学生自觉的日常行为模式。与此相反，正如胡适所言："一个肮脏的国家，人人讲规则，而不是讲道德，最终会变成一个有人味的正常国家，道德也会自然回归；一个干净的国家，如果人人都不讲规则却大谈道德、谈高尚，那么这个国家会堕落成一个伪君子遍地肮脏的国家。"①

法治教育规矩本身就是一个"标杆"教育，这个"标杆"就是大学生的周围环绕。良性规矩的"标杆"会引领他们获得尊严；不良规则的"标杆"会引领他们走向卑下。博尔诺夫认为："教育的成功与否往往取决于生活环境中一定的内部气氛和受教育者与教育者一定的情感态度，一般称之为教育气氛，并把它理解为情感、情绪状态及对教育抱有好感或者厌恶等关系的总和。"② 法治教育以造就懂规矩的人为己任，也就是懂得自尊、尊重他人、被他人尊重，做有尊严的人。法治教育规矩要持久坚守，它是培育大学生尊严最好的思想体系和行为机制。同时，如果要造就懂规矩的人，就一定要认可与赞美大学生的行为价值，并在此基础上进行培育。法治培育要利用各种行之有效的方式对大学生社会主义法治精神进行熏陶和引领，让大学生从内心深处慢慢学会依赖法律，并享受法律思维给人带来的遇事坦然面对，淡定又平和地处理，使法治教育的规矩与大学生尊严绘制出一幅既美丽又气势磅礴的法治中国高等教育的远景。

以法律规范、道德规范和学校规章为内容的规矩教育是良法善治的

---

① 高全喜：《法治的德性之维——从胡适的一番言谈说起》，《中国法律评论》2016 年第 1 期，第 24 页。

② 〔德〕博尔诺夫：《教育人类学》，李其龙译，华东师范大学出版社，1999，第 4 页。

体现，是备受社会尊重的教育；社会对法治教育的尊重，也是对受教育者的尊重。法治教育规矩培养有尊严的人，这是大学生法治教育的根本所在。

（三）以"德法兼用"完善大学生主体权利的实现手段

道德与法律的关系，是古往今来的一个永恒话题，两者既有联系，又有区别。区别是法律是硬约束、是准绳，任何时候都不能违背，是外在的他律；道德是软约束、是基础，任何时候都不可忽视，是内在的自律。二者联系相辅相成，都是国家治理、社会运行、人的行为不可缺少的重要手段。大学生尊严的法治教育首先要求教育者遵守各种职业道德规范，大学生遵守社会公德，进而实现"德润人心"。其次，各级教育行政管理部门要遵守法律、规则、纪律和程序，实现"法安天下"。法律是成文的道德，道德是内心的法律。法律的有效实施有赖于道德的支持，道德的自觉履行也离不开法律的强力约束；法律难以规范的领域，道德可以发挥作用，而道德无力约束的行为，法律可以惩戒。所以，道德和法律是一辆车的两个轮子，不可偏废，尊严的法治教育培养有尊严的大学生需要道德与法律协同发力，紧密结合，才能产生巨大的能量。

结　论

——✦◆✦——

　　大学生主体权利是马克思权利观、马克思人的全面发展理论逻辑与中国大学教育发展历史逻辑的辩证统一，是法治中国、法治社会外在逻辑与人的主体性内在逻辑的有机结合。本研究在对大学生主体权利生成逻辑进行追寻后，探究了大学生主体权利实现的深层次问题，并且提出了相应的管理对策。通过理论指引的现实思考，可归结为以下几点结论。

一　大学生主体权利有其自身生成的历史逻辑

　　太学始创于西汉武帝时期，鼎盛于东汉。其后，经曹魏、西晋至北朝末衰落，历时六七百年，是屹立在世界东方的第一所国立中央大学，对后世产生了深远的影响。中国古代"太学"的严于择师、严格选拔学生保证了教育质量和教学相长，考试、自学与实践有机统一的教学风格，孕育了大学生的主体权利思想。

　　近代的高等教育与中国近代初期的多事之秋相伴而生，但是其应有的历史地位不可忽视。同文馆的产生，天津中西学堂、京师大学堂等的设立，"师夷长技以制夷"的教育思想，实现了学生的个体发展，培养了我国近代早期的科技人才，萌生了大学生主体权利的思想。民国时期社会变迁剧烈，高等教育也随着历史潮流进行了许多弃旧迎新且承上启下的重大变革。"大学自治"的理念和大学校长等有识之士的行为与风范，助推了大学生主体权利意识的形成。近现代大学的诞生与发展虽然历经坎坷与曲折、战争与和平的考验和洗礼，但是在这段色彩斑斓的高等教育发展史上，大学生主体权利意识最终得到确立。

新中国成立后，1949～1966年的中国大学通常被称为接管、改造、调整时期，大学教育以探索大学内部领导体制为中心，大学教育的功能主要是促进社会发展，促进人的发展，生成大学生主体权利。"文化革命"致使高等教育运行陷入瘫痪，大学生主体权利被剥夺。改革开放以来，经历百废待兴、拨乱反正，大学生主体权利得到恢复：颁布了教育政策法规，大学生主体权利得到保障；实施了素质教育，大学生主体权利得到发展；开展大学治理，助推大学生主体权利进一步完善。新中国成立后高等教育并非一帆风顺，甚至发生过令人心悸的"大滑坡"现象，但是，社会发展的潮流毕竟不可阻挡。

大学生主体权利从无到有、从少到多、从低层次到高层次的演进与发展，说明以大学生主体权利为出发点和落脚点是高等教育发展的基本规律，也反映了高等教育两大社会功能或交错或平行的情形，构成了教育千姿百态的核心。

二 现实的政治、文化和制度为大学生主体权利生成提供了有利的环境

人创造了自己，他将无法离开自己的栖息地社会而生活，大学生也是如此。大学生争取"自由自觉活动"的历史，就是主体能力和主体权利在实践基础上交互发展的历史。

法治中国建设为大学生主体权利生成提供了宽松、民主、法治的政治环境。从法治中国的提出到全面依法治国，时代为大学生法治观念教

育提供了契机，为大学生主体权利意识觉醒提供了转机，也为大学生主体权利生成提供了国内空间和国际视野。如果说法治中国提供了政治层面的治国理政方式与制度层面的规范体系，那么社会主义核心价值观中的"法治"则是社会层面的思想观念和价值取向，属于文化环境。社会主义核心价值观中的"法治"是一种特有的价值理念，是自由、平等、公正的凝聚。作为大学生主体权利的社会主义核心价值观文化是实现法定权利，争取更多理想权利上升为法律权利的主要土壤。它的稳定性、规范性、引导性、组织性和预测性功能，能够调整各种权利行为。依法治国，首先要依宪治国，宪法权利是大学生主体权利的基本制度保障。宪法规定了我国公民的基本权利和自由，教育法律、法规和规章都依宪法而制定，不得与宪法产生冲突。宪法倡导的自由促成了大学生主体权利生成的价值归宿，我国宪法规定的受教育权利、体育文化权利和政治权利为大学生主体权利的生成提供了法律依据。政治环境、文化环境和制度环境共进共荣，组成了大学生主体权利生成必不可缺的外部规律。

三 大学生主体权利生成的内在逻辑是人的全面发展的本质表达

梁启超曾经说道："凡人之所以为人者有两大要件：一曰生命，二曰权利。二者缺一，时乃非人。"在法治理论时代，二者联袂登台既有精神文明和制度规则上共生共荣的逻辑，也有人的主体性、教育公正所构成的大学生主体权利的内在逻辑作支撑。无论是近代启蒙思想家"权利的天赋"，还是马克思的"权利的人赋"，"自由自觉"都是人的本质的表达。根据马克思权利理论和高清海人的主体性理论，人的"自由自觉"是一个过程，它是一定历史阶段人的基本要求，包含人的能力和权利两个历史范畴。人的能力是自由的基本前提，人要使自己的能力成为自由，首先要有实现自己能力的权利。

根据权利运行谱系论和大学生这一特殊群体的受教育过程，大学生应当享有道德行为的选择自由权、道德主体的被尊重权等应然权利；大学生还应当享有包含知情权、选择权、科学研究权、理论创新权在内的有关智力、智慧发展的受教育过程权利和体育素质方面的受教育权、参加体育活动权、批评监督权等法定权利；大学生也应当享有在大学内部治理中对高校及其内部群体施加影响，致使其改变行为，保障大学生充分实现权利的评价权、参与权、自治权和救济权等现实权利。

通过系统的研究与整理，我们已明晰大学生全面发展的各种权利，因而更要认真看待大学生的主体权利，关心大学生的应有权利，注重大学生的法定权利，并着眼于大学生的现实权利，使权利内化为实现大学生价值与尊严的普遍性力量。同时，还应把大学生主体权利视为塑造大学内外部权力关系，解释社会、历史、教育、文化的方法，最终实现以大学生主体权利为核心的教育内部规律。

四　大学生主体权利实现过程障碍重重的深层次原因

大学生主体权利的生成是历史的、必然的和客观的，是不容置疑的。大学生主体权利缺失与保障的问卷调查显示，大学生主体权利由应然向实然的转化还存在重重障碍。

在教育行政管理上，由于教育政策的阶段性变化，高等教育三大社会职能顺序容易使人误读，大学生主体权利得不到应有的尊重，教育行政法治过程的权力控制与权利保护等同，权利理念供给与权利资源供给不协调，倡导权利保护理念却忽视义务履行意识的培养，政策主导下权利保护理念存在的落差又使大学生主体权利的制度保障渐趋弱化……

在高校内部管理体制上，现有的大学内部权力体系制约着大学生主体权利的发挥，现有的教学过程阻碍了大学生主体权利的落实。比如，专业课程的固化使得大学生难以体现主体的积极性，教学的形式化使得大学生难以实现主体地位，科研评价体系的功利化使得科研与教学脱节，最终大学生难以真正受益。

在自身认知层面上，大学生主体权利认知能力的缺乏导致主体权利意识漠视，大学生对主体权利法制环境的误读扭曲了权利与义务的关系，大学生对受教育权利认识的误解又导致受教育权利滥用，最终阻碍了大学生主体权利的实施。

五　大学生主体权利的实现是高等教育管理价值与技术的完美结合与统一

通过对教育行政管理、高校内部管理及大学生自身与大学生主体权利实现障碍的探究，以大学生主体权利为视角和方法是高等教育由管理体系向治理体系转化的根本，也是大学治理价值与技术的完美统一。

以大学生主体权利建造教育关系和教育秩序，优化大学内部治理权力制度。以大学生主体权利建造教育关系和教育秩序，实际是坚持以人为本，充分体现了现代大学教育的核心，即促进人的全面发展。以大学生主体权利建造教育法律关系，能够实现高等教育行政的法制优化。高等教育法律关系复杂多样，具体表现为行政法律关系、特殊优位关系、拟制契约关系与契约关系。界定多重教育法律关系，可为未来的教育法制和教育法学提供努力的方向。应加快制定《大学生主体权利保障法》，促进高等教育管理制度优化，以受教育权为核心，从立法、执法、司法和守法上完善高校法治运行机制，促进高等教育法治政策优化和良法善治，最终驱使管理向治理转换成为必然。

高校相关行政组织及其工作人员应依法行政以保障大学生的主体权利。依法行政就是根据法律、法规授权行使权力，就是按照既定规范来办事，就是准确地把握行使权力的依据，严格地遵守规范，大胆地实行规范管理，认真地对待大学生的主体权利。发挥大学章程的作用，促进大学生主体权利落实。强化德育自治，在实践层面实现大学生思想政治教育。通过社会权利本位视域下的行政适度干预及社会责任视域下的义务明示，保障大学生的体育权，促进大学生身心健康发展。

教育大学生提升主体权利的认识能力，当以人的尊严为视角提升大学生的主体权利意识。尊严是主体尊重自己和被他人尊重的统一，即自尊和尊重、义务和权利的统一。大学生自尊是大学生主体权利的出发点，大学生获得尊重是大学生主体权利的归宿。应以"规矩"为本明晰大学生的主体权利，进而以法律规范、道德规范和学校规章为内容的规矩教育才能体现良法善治的应有之义。"德法兼用"则是完善大学生主体权利的实现路径。

附　录

————❦—————

关于大学生主体权利情况的调查问卷

亲爱的同学，您好！为了更好地了解大学生主体权利的实现程度，保障大学生权利，进行此次问卷调查，希望您在百忙之中抽出一点时间协助我们完成这份调查问卷，问卷采取不记名的方式，信息仅作统计分析用，将会对您的信息进行保密，请您如实填写，感谢您的配合。

第一部分　基本信息

1. 您的学校所在的区域？

A．东北地区　　　　　　　　　B．中原地区

C．东南地区　　　　　　　　　D．西部地区

2. 您的性别？

A．男　　　　　　　　　　　　B．女

3. 您的年级？

A．大一　　　　　　　　　　　B．大二

C．大三　　　　　　　　　　　D．大四

4. 您所学专业类别属于?

A. 哲学   B. 经济学

C. 法学   D. 教育学

E. 文学   F. 历史学

G. 理学   H. 工学

I. 农学   J. 医学

K. 管理学   L. 军事学

M. 艺术类   N. 外语类

第二部分: 大学生主体权利的缺失

1. 您对自己所拥有的权利了解多少?

A. 完全了解, 并且很在意自己的权利是否得到了切实的保障

B. 了解很多, 只是对自己的权利能否实现抱有很大的怀疑态度

C. 知道一点, 感觉权利这个词不太适用于普通人

D. 完全不知道, 权利我有吗, 还是算了吧

2. 您或您的同学是通过哪些途径了解到大学生权利的? (多选)

A. 学校教育

B. 新闻媒体

C. 相关法律书籍

D. 权利被侵犯以后才知道该项权利

E. 其他

3. 您觉得在校期间您或您的周围同学的权利受到过侵犯吗?

A. 很多次   B. 很少次

C. 不清楚   D. 没有过

4. 在校期间, 您的下列哪些权利被侵犯过? (多选)

A. 对学校教学计划提出异议或合理化建议

B. 对处分处罚决定提出申辩、申诉

C. 享受学校规定的医疗卫生补贴

D. 自由选择就业工作单位

E. 利用课余时间进行社会实践和勤工助学活动

F. 评奖评优、奖学金等要求公平公正公开透明的权利

G. 对学校相关政策的知情权

H. 参与学校、班级日常管理的参与权

I. 获得公正评价的权利

G. 学校关于学生的重大决定并参与其中享有决策权

5. 请问您对现已享有的权利的满意程度？

A. 很满意，享受到了应该享有的所有权利

B. 满意，学校已经尽力去维护学生的权利

C. 一般，还有很多应享有的权利没有享受到

D. 不满意，学校明显侵犯了学生的权利

6. 当权利受到侵犯时您是否敢于维护自己的权利？

A. 是   B. 否

7. 法律规定了很多权利，您认为法律的规定有用吗？

A. 没用，法律是虚的   B. 有点用

C. 很有用   D. 不清楚

8. 您对与大学生相关权利的法律的态度是怎样的？

A. 积极参与，建言献策   B. 愿意配合

C. 不愿意配合   D. 无所谓

9. 您认为有必要加强大学生的权利意识吗？

A. 有   B. 没有

10. 如果您认为有必要加强，哪些途径最有效？

A. 看书，读报   B. 看电视

C. 互联网　　　　　　　　　D. 政府的普法宣传

E. 相关课程

11. 如果您的权益受到侵害，您会怎样？

A. 根本无所谓，而置之不理

B. 心里很气愤，但只是抱怨，没任何实际行动

C. 想去找老师或有关部门解决，但过程可能太繁琐，问题不一定
能解决，所以只好忍气吞声

D. 只要是我的正当权益，我就应该去争取，所以我会找相关部门

12. 您认为大学生被侵权后采取消极态度的原因有哪些？

A. 大学生消费维权的意识淡薄

B. 诉讼成本太高使他们望而止步

C. 法律不完善，使他们没有信心取得胜利，于是放弃

D. 觉得多一事、少一事没什么大不了，以后注意点就是了

E. 其他（请注明）

第三部分　大学生主体权利的保障

1. 您对大学生主体权利保障政策了解多少？

A. 非常了解　　　　　　　　B. 了解一点

C. 不了解　　　　　　　　　D. 完全不了解

2. 您觉得法律能维护您的切身利益吗？

A. 能，我对法律有信心

B. 不能，法律愈来愈成为有钱人和有权的人的工具

C. 现在不能，但随着社会的发展，法律会逐渐完善

3. 您认为当我们维权时，有时法律的公正性没有实现的主要原
因是？

A. 法律本身没有足够多的权威

B. 一些司法机关收受贿赂导致办案不公

C. 我国权力机关和司法机关相互制约，司法机关的工作没有自主性

D. 当法律没有实现公平时，大多数人没有再上诉，选择忍气吞声

4. 您认为我国大学生权利保障体系存在哪些问题？

A. 权利保障体系不够完善

B. 多数人不知道自己的权利是什么

C. 权利保障起来较困难

D. 权利保障的力度太小

5. 您认为如何解决权利保障中存在的问题？

A. 完善大学生权利保障体系

B. 完善相关的法律法规

C. 拓宽大学生权利保障的渠道

D. 加大大学生权利保障的宣传力度

6. 您是否认为现在投诉程序比较复杂，投诉"门槛"高，投诉处理时间过长呢？

A. 是，因此有些小的侵权行为就不会采取维权行为

B. 不会

C. 无所谓

7. 您认为政府在大学生权利保障方面应该做些什么？

A. 拓宽大学生进行保障权利的渠道

B. 建立大学生权利保障制度体系

C. 实行鼓励大学生进行权利保障的政策

D. 加强对侵害大学生权利行为的监管

8. 您认为为保障学生权利应采取的积极措施有哪些？（多选）

A. 完善相关权利法案

B. 加强学校内部管理，建立合理合法的管理制度

C. 加大相关权利法律宣传力度

D. 提高学生自身的权利意识

E. 增加大学生维权渠道

F. 其他（请注明）

谢谢您的参与，对于您的协助表示诚挚的谢意，再次感谢您的合作，祝您生活愉快！

参考文献

Dennis J. Gayle, Bhoendradatt Tewarie, A. Quinton White, *Governance in the Twenty-first Century University*, San Francisco: Jossey-Bass Publishers, 2003.

International Olympic Committee, Charter in Force As from 8 July 2011.

Peter Donnelly, "Sport and Human Rights," *Sport in Society*, 2008, 11 (4).

Theodore M. Bendittt, *Rights*, *Rowman and Littlefield*, Totowa, New Jersey, 1982.

Wesley Newcomb Hohfeld, "Some Fundamental Legal Conceptions as Applied in Judicial Reasoning," *The Yale Law Journal*, Vol. 23, No. 1, 1913.

〔日〕山折哲雄『宗教の事典』，朝倉書店，2012。

〔英〕A. J. M. 米尔恩:《人的权利与人的多样性——人权哲学》，夏勇、张志铭译，中国大百科全书出版社，1995。

〔德〕奥托·迈耶:《德国行政法》，刘飞译，商务印书馆，2002。

〔美〕博登海默:《法理学—法哲学及其方法》，邓正来译，华夏出版社，1987。

〔德〕博尔诺夫:《教育人类学》，李其龙译，华东师范大学出版社，1999。

〔美〕布兰特：《伦理学理论》，万俊人译，中国人民大学出版社，2004。

〔日〕大须贺明：《生存权论》，林浩译，法律出版社，2001。

〔美〕范伯格：《自由、权利和社会主义》，贵州人民出版社，1998。

〔德〕黑格尔：《法哲学原理》，商务印书馆，1961。

〔美〕亨利·罗索夫斯基：《美国校园文化——学生·教授·管理》，谢
　　宗仙、周灵芝、马宝兰译，山东人民出版社，1996。

〔爱尔兰〕J. M. 凯利：《西方法律思想简史》，法律出版社，2002。

〔日〕兼子仁：《国民的教育权》，岩波新书，1980。

〔德〕康德：《法的形而上学原理——权利的科学》，沈叔平译，商务印
　　书馆，1991。

〔法〕莱昂·狄骥：《宪法学教程》，王文利等译，辽海出版社、春风文
　　艺出版社，1999。

〔美〕罗·庞德：《通过法律的社会控制·法律的任务》，沈宗灵、董世
　　忠译，商务印书馆，1984。

〔美〕罗尔斯：《正义论》，何怀宏等译，中国社会科学出版社，1988。

〔英〕洛克：《政府论》（下篇），商务印书馆，1983。

〔法〕孟德斯鸠：《论法的精神》（上册），许明龙译，商务印书馆，2015。

〔英〕欧内斯特·巴克：《英国政治思想》，黄维新、胡待岗译，商务印
　　书馆，1997。

〔美〕乔治·恩德勒：《经济伦理学大辞典》，王淼洋译，上海人民出版
　　社，2001。

〔英〕约翰·密尔：《功利主义》，刘富胜译，商务印书馆，1957。

《边沁文集》（鲍林版），爱丁堡出版社，1843。

别敦荣：《论我国大学治理》，《山东高等教育》2016年第2期。

蔡元培：《教育论著选》，人民教育出版社，1991。

曹利民：《论大学生之体育权》，《体育学院学报》2016年第5期。

陈宝生：《高等教育改革与发展工作情况》，人民网，2016 年 9 月 1 日。

陈玲、征汉年：《道德权利基本问题研究》，《西南交通大学学报》（社会科学版）2006 年第 5 期。

陈平原：《民国时期的大学：大学之大的典范》，《大学何为》，北京大学出版社，2006。

陈学飞、展立新：《我国高等教育发展观的反思》，《高等教育研究》2009 年第 8 期。

程立显：《伦理学与社会公正》，北京大学出版社，2002。

程立显：《试论道德权利》，《哲学研究》1984 年第 8 期。

程燎原、王人博：《权利论》，广西师范大学出版社，2014。

程燎原、王人博：《赢得神圣——权利及其救济通论》，山东人民出版社，1993。

代冠秀：《当代大学生的社会公正意识及其培养》，《赤峰学院学报》（汉文哲学社会科学版）2011 年第 10 期。

刁翔宇：《论公民的基本权利与自由的关系》，《法制博览》2016 年第 10 期。

董云川：《论大学学术权力的泛化》，《高等教育研究》2000 年第 2 期。

凡红、吕洲翔：《体育权利论》，四川科学技术出版社，2008。

范进学：《权利论》，《中国法学》2003 年第 2 期。

费孝通：《乡土中国》，北京出版社，2005。

高清海：《"类哲学"与人的现代化》，《中国社会科学》1999 年第 1 期。

高清海：《"人"的双重生命观：种生命与类生命》，《江海学刊》2001 年第 1 期。

高清海：《主体呼唤的历史根据和时代内涵》，《中国社会科学》1994 年第 4 期。

高清海、张海东：《社会国家化与国家社会化——从人的本性看国家与社会的关系》，《社会科学战线》2003 年第 1 期。

高全喜：《法治的德性之维——从胡适的一番言谈说起》，《中国法律评论》2016 年第 1 期。

高兆明：《存在与自由：伦理学引论》，南京师范大学出版社，2004。

顾明远：《马克思个人全面发展的现实意义》，《光明日报》2017 年 7 月 25 日。

郭道晖等：《中国当代法学争鸣实录》，湖南人民出版社，1998。

郭宏：《试论完善高校治理的内部控制建设》，《经济师》2007 年第 11 期。

《国家中长期教育改革和发展规划纲要（2010～2020 年）》，2010 年 7 月 30 日。

《国务院关于全面推进依法行政的决定》，1999。

韩忠谟：《法学绪论》，中国政法大学出版社，2003。

何进平、江游：《权利本位新论》，《社会科学战线》2015 年第 2 期。

胡锦光、任瑞平：《受教育权的宪法思考》，《中国教育法制评论》2002 年第 7 期。

胡锦涛：《坚定不移沿着中国特色社会主义前进道路前进　为全面建成小康社会而奋斗》，人民出版社，2012。

胡水清：《陈寅恪"四不讲"的魅力》，《中国教师报》2013 年 9 月 27 日。

胡泽勇：《论尊重与保障大学生的道德权利》，《孝感学院学报》2009 年第 4 期。

贾永堂、罗华陶：《新中国高等教育发展道路的历史考察——基于后发展理论分析》，《高等教育研究》2016 年第 5 期。

《江泽民文选》第 2 卷，人民出版社，2006。

《江泽民文选》第 3 卷，人民出版社，2006。

焦宏昌：《我国公民体育权利问题研究》，在中国政法大学 2004 年体育法高级研讨会上的演讲，2010。

康翠萍:《一种分析范式:中国高等教育政策研究》,人民出版社,2010。

康德:《道德形而上学基础》,上海人民出版社,1986。

柯卫、朱海波:《社会主义法治意识与人的现代化研究》,法律出版社,2010。

黎伟:《辽宁省 90 后大学生身体素质现状与对策研究》,《中国成人教育》2014 年第 4 期。

李德顺、孙伟平:《道德价值论》,云南人民出版社,2005。

李慧洁:《浅析中国近代第一部学制——壬寅、癸卯学制》,《当代教育论坛》2008 年第 5 期。

李建华:《法治社会中的伦理秩序》,中国社会科学出版社,2004。

李建华、周蓉:《道德权利与公民道德建设》,《伦理学研究》2002 年第 1 期。

李龙:《人本法律观简论》,《社会科学战线》2004 年第 6 期。

李学永:《大学行政行为的司法审查:从特别权力关系到大学自治》,《教育学报》2010 年第 3 期。

林雪梅:《马克思的权利思想研究》,人民出版社,2014。

刘明霞:《大学生体育权利之实现途径研究》,《法治与社会》2012 年第 12 期。

刘幸义:《多元价值、宽容与法律——亚图·考夫曼教授纪念集》,五南图书出版公司,2004。

吕予锋:《什么是体育——一个适合进行法律分析的体育行为定义》,《天津体育学院学报》2005 年第 3 期。

《略谈洋务运动时期的留学教育》,《和田师范专科学校学报》2004 年第 3 期。

罗国杰:《伦理学》,人民出版社,1989。

《马克思恩格斯全集》,人民出版社,2002。

《马克思恩格斯全集》第 1 卷，人民出版社，1956。

《马克思恩格斯全集》第 1 卷，人民出版社，1995。

《马克思恩格斯全集》第 2 卷，人民出版社，1957。

《马克思恩格斯全集》第 23 卷，人民出版社，1972。

《马克思恩格斯全集》第 39 卷，人民出版社，1956。

《马克思恩格斯全集》第 46 卷（上），人民出版社，1979。

《马克思恩格斯全集》第 46 卷（上），人民出版社，1995。

《马克思恩格斯文集》第 1 卷，人民出版社，2009。

《马克思恩格斯文集》第 4 卷，人民出版社，2009。

《马克思恩格斯选集》第 1 卷，人民出版社，1995。

《马克思恩格斯选集》第 1 卷，人民出版社，2012。

《马克思恩格斯选集》第 2 卷，人民出版社，1972。

《马克思恩格斯选集》第 2 卷，人民出版社，1995。

《马克思恩格斯选集》第 4 卷，人民出版社，1972。

马文慧：《外国学者关于受教育权相关领域观点的研究综述》，《教育理论与实践》2014 年第 18 期。

孟繁华：《优化治理结构完善现代大学制度》，《山东高等教育》2014 年第 1 期。

宁雷：《论学生体育权利》，北京体育大学博士学位论文，2013。

牛维麟：《现代大学章程与大学管理》，《中国高等教育》2007 年第 1 期。

潘懋元：《高等教育学》，福建教育出版社，2007。

彭怀祖：《当前道德动因纯粹化与变动性的审思》，《道德与文明》2013 年第 4 期。

《普通高校思想政治理论课文献选编（1949～2006）》，中国人民大学出版社，2007。

漆多俊：《论权力》，《法学研究》2001 年第 1 期。

强昌文：《契约伦理与权利》，山东人民出版社，2007。

秦惠民：《高等学校法律纠纷若干问题的思考》，《法学家》2001 年第 5 期。

史万兵：《教育通论》，教育科学出版社，2001。

树刚：《坚持依法治国和以德治国相结合》，《人民日报》2014 年 11 月
　　24 日。

孙霄兵：《加强教育法学学科建设》，《中国高等教育》2014 年第 17 期。

谭华：《试论体育的权利和义务》，《成都体育学院学报》1984 年第 3 期。

唐能斌：《道德范畴论》，重庆出版社，1994。

陶行知：《中国教育改造》，东方出版社，1995。

王公章：《大学生权利实现问题研究》，西南大学硕士学位论文，2013。

王凌皓、郑长利：《汉代太学教育管理述评》，《北京科技大学学报》（社
　　会科学版）2000 年第 3 期。

王箫雨：《公民体育权利的行政法视角研究》，西南政法大学硕士学位论
　　文，2008。

王志泉、任娟玲：《当代青年权利意识的觉醒、局限及培育》，《学校党
　　建与思想教育》2013 年第 3 期。

温涛、王荣华：《山东拟将高考成绩视为学生个人隐私不得公布》，《齐
　　鲁晚报》2008 年 1 月 17 日。

翁岳生：《行政法》（上册），中国法制出版社，2009。

武经纬：《公民权利与道德权利辨析》，《思想战线》2007 年第 6 期。

习近平：《青年要自觉践行社会主义核心价值观——在北京大学师生座
　　谈会上的讲话》，人民出版社，2014。

《习近平总书记系列重要讲话读本》，人民出版社，2016。

肖永辉、宋佳：《解读高校管理权与大学生权利的冲突与协调》，《课程
　　教育研究》2017 年第 5 期。

谢晖：《以权利看待法律》，《东方法学》2008 年第 3 期。

谢泳:《过去的教授》,《中国青年报》2007 年 8 月 1 日。

谢泳:《记忆中飘香的教授们》,《教育》2007 年第 4 期。

谢泳:《中国现代大学制度的优越性》,《大学时代》2006 年第 6 期。

许崇德:《宪法》(第四版),中国人民大学出版社,2009。

许桂清:《美国道德教育理念研究》,中国社会科学出版社,2008。

严复:《论治学治事宜分二途》(第一卷),中华书局,1985。

宴辉:《公共生活与公民伦理》,北京师范大学出版社,2007。

杨桂华:《习近平关于核心观的论述》,《学习时报》2014 年 11 月 24 日。

易鑫:《教育"治理"辨析》,《中国教育报》2014 年 3 月 5 日。

于善旭:《〈中华人民共和国体育法〉修改思路的探讨》,《体育科学》
    2006 年第 8 期。

于善旭:《论公民体育权利》,《体育科学》1993 年第 6 期。

于善旭:《再论公民的体育权利》,《体育文史》1998 年第 1 期。

余维武:《道德权利与道德教育》,《教育理论与实践》2008 年第 7 期。

余涌:《道德权利研究》,中央编译出版社,2001。

袁方:《青年的权利意识分析》,《青年研究》1995 年第 5 期。

臧嵘、张颖:《纵论汉文明的重要历史地位》,《南京师范学院学报》(社
    会科学版)2008 年第 11 期。

湛中乐:《大学治理的重要保障——兼评〈中华人民共和国高等教育法〉
    的修改与完善》,《中国高教研究》2016 年第 6 期。

湛中乐:《通过章程的现代大学治理》,"大学治理与大学章程"学术研
    讨会,2011 年 3 月 27 日。

湛中乐、苏宇:《教育法学的理论体系与学科建设初论》,《北京师范大
    学学报》(社会科学版)2016 年第 2 期。

张德祥:《1949 年以来中国大学治理的历史变迁》,《中国高教研究》
    2016 年第 2 期。

张瀚樱：《浅论中学生法律权利意识的培养》，《法制与社会》2016 年第
　　12 期。

张康之：《基于权利的社会建构陷入了困境》，《新视野》2016 年第 12 期。

张文显：《法理学》，高等教育出版社，2011。

张文显：《法哲学范畴研究》，中国政法大学出版社，2001。

张振龙等：《体育权利的基本问题》，《体育学刊》2008 年第 2 期。

张振芝：《大学生道德权利与道德义务及社会公正的关系研究》，《高等
　　农业教育》2014 年第 12 期。

张振芝：《大学生受教育权解读》，《中国高等教育》2016 年第 24 期。

张振芝：《高校社科研究者权利保障研究》，《中国高校科技》2014 年第
　　4 期。

张振芝：《基于培养过程的大学生权利体系构建》，《中国高等教育》
　　2015 年第 13 期。

张振芝：《论大学内部治理结构中学生主体权利》，《党政干部学刊》
　　2013 年第 3 期。

张振芝、史万兵：《大学生受教育权解读》，《中国高等教育》2016 年第
　　24 期。

章小谦：《论道德权利》，《江西师范大学学报》（社会科学版）1989 年
　　第 3 期。

赵家祥：《马克思关于人的本质的三个界定》，《思想理论教育导刊》
　　2005 年第 7 期。

郑永安、王静：《从法律视角看高校管理权与学生权利关系》，《西北工
　　业大学学报》2010 年第 3 期。

智效民：《民国时期的大学校长与大学教育》，《民主与科学》2013 年第
　　1 期。

《中共中央关于全面深化改革若干重大问题的决定》，人民出版社，2013。

《中共中央关于全面推进依法治国若干重大问题的决定》，人民出版社，2014。

中国第二历史档案馆：《中华民国史档案资料汇编》（第5辑第1编《教育》），江苏古籍出版社，1994。

《中国高等教育质量报告》，2016。

《中国共产党第十八届中央委员会第三次全体会议公报》，2013。

《中华人民共和国宪法》，1982年12月4日。

周景辉、陈喜文、郝新艳：《论在校大学生权利意识的培养》，《中国成人教育》2008年第10期。

朱海林：《国内道德权利问题研究综述》，《河南师范大学学报》（哲学社会科学版）2011年第5期。

朱巧芳：《大学生权利保障思考》，《高教研究》2005年第5期。

卓泽渊：《法治国家论》，法律出版社，2008。

图书在版编目（CIP）数据

大学生主体权利研究／张振芝著. -- 北京：社会
科学文献出版社，2018.12
ISBN 978 - 7 - 5097 - 4797 - 1

Ⅰ.①大…　Ⅱ.①张…　Ⅲ.①大学生 - 权利主体 - 研
究　Ⅳ.①G642.0

中国版本图书馆 CIP 数据核字（2018）第 274982 号

大学生主体权利研究

著　　者／张振芝

出　版　人／谢寿光
项目统筹／曹义恒
责任编辑／陈旭泽　吕霞云

出　　　版／社会科学文献出版社·社会政法分社（010）59367156
　　　　　　地址：北京市北三环中路甲 29 号院华龙大厦　邮编：100029
　　　　　　网址：www.ssap.com.cn
发　　　行／市场营销中心（010）59367081　59367083
印　　　装／三河市龙林印务有限公司

规　　　格／开　本：787mm × 1092mm　1/16
　　　　　　印　张：14.5　字　数：194 千字
版　　　次／2018 年 12 月第 1 版　2018 年 12 月第 1 次印刷
书　　　号／ISBN 978 - 7 - 5097 - 4797 - 1
定　　　价／79.00 元

本书如有印装质量问题，请与读者服务中心（010 - 59367028）联系